一歩
進める　英語学習・研究ブックス

# 図説
# 英語の前置詞
## （下）

イ・ギドン [著]

吉本 一　　チェ・ギョンエ [訳]

開拓社

*English Prepositions*
Fourth Edition

by Keedong Lee

Copyright © 2020 by Keedong Lee
Japanese edition © 2024 by Hajime Yoshimoto and Kyung-Ae Choi

Japanese translation published by arrangement with
Gyomoon Publishers, Gyeonggi-do, South Korea.

# 訳者まえがき

この本は，韓国で出版されたイ・ギドン著『英語前置詞研究（第4版）』（教文社，2020年）を翻訳したものです。この本の特長として，以下のような点が挙げられます。

1. 英語の前置詞のさまざまな意味・用法を網羅しています。これだけ多様な意味・用法を扱った本はあまりないでしょう。さしずめ英語前置詞辞典のような役割を果たしてくれます。

2. 英語の前置詞の多様な意味・用法は別々に存在するのではなく，それぞれの意味・用法が有機的につながっているものとして説明します。英語辞典を引くと，1つ1つの前置詞に複数の意味・用法が記載されています。しかし，この本では，基本的な意味・用法からさまざまな意味・用法へと拡張し，ネットワークを形成しているとみなしています。

3. 英語の前置詞の多様な意味・用法を，多くの図を用いて説明しています。これらの図を見ながら説明を読んでいくと，英語の前置詞の多様な意味・用法が密接な関係を結んでいるということが理解できるようになるでしょう。図説の豊富さこそが，この本の最大の特長と言えます。

この本は，英語の前置詞についてイ・ギドン先生が40年以上も研究された貴重な成果です。原著『英語前置詞研究』は，1983年に初版が発行された後，3回の改訂を経て，2020年に第4版が発行され，現在でも愛読されています。韓国は日本以上に英語学習熱が高く，社会の変化もめまぐるしいです。そのような韓国で，1冊の英語学習書がこれほど長く愛されるのは，非常にまれなことです。

イ・ギドン先生は，韓国で最も早い時期から認知言語学的研究に着手し，1991年に設立された談話・認知言語学会の礎を築かれた方です。持病のために文字が見えない中で口述筆記を通じて2020年5月にこの原著の第4版を残し，2020年8月に惜しくも永眠なさいました。イ・ギドン先生の学問的情熱と真摯な態度に敬意と感謝を表し，哀悼の意を捧げます。また，この本が日本の英語学習にも大きく役立つことを切に願っています。最後に，この本の翻訳を勧めてくださったナ・イクチュ先生とペク・ミヒョン先生，この本の出版を決断してくださった川田賢氏をはじめとする開拓社の方々に感謝いたします。

2023年10月　訳者しるす

# 第4版 まえがき

『英語前置詞研究』の3度めの改訂をするにあたって，未熟なこの本を長い期間にわたり多くの読者が買い求めてくださったことに深く感謝を申し上げます。この本を初めて出したのは，私が延世大学校に在職中のときでした。最近はかなりよくなったと聞きますが，私がこの本を初めて出したころ，教授が本を書くのは本当に大変だったことを覚えています。

その当時英文科の教授は，専攻科目も教え，教養英語も教えていました。週あたり15時間以上の授業をせねばならず，そのように多くの授業をこなしていると，研究室で落ち着いて研究する時間は多くありませんでした。そのため，すきま時間を最大限活用することで，何とかこの本を世に出すことができました。

幸いなことに，この本は好評を博しました。それには，いくつかの理由がありました。第1に，どの教授も前置詞に関心を持たなかった時期に，私が初めてこの問題に関心を持ったからでしょう。第2に，前置詞に対してまったく新しい方法で私はアプローチしました。前置詞は使用頻度が高く，辞書を引いてみるとさまざまな意味が載っています。これらの複数の意味の根底に流れる共通属性があり，この共通属性によってさまざまな意味がまとめられるものと，私は考えました。関連性を示せば，複数の意味を理解しやすくなり，これらの意味を長く記憶できるようになると信じました。第3に，前置詞が持つ抽象的な意味を私は図で表しました。この本がこのような特徴を持っているために，多くの読者がいまでも求めてくださっているものと確信します。

2018年の夏，私に絶好の機会が与えられました。『英語前置詞研究』を教材として，インターネット講義をしてほしいという依頼を受けたのです。初めは断っていましたが，この本をじっくり読みなおさなければという思いから引き受けることにしました。本を校正するための最もよい方法は，その本を教材として教えることだと思います。講義の準備をするためには，教材を精読しなければならないからです。精読をしながら，こなれていない部分は書きなおし，足りない部分は補いました。特に，図の部分を大幅に修正しました。

少し遅くなりましたが，このように第4版を出すことができ，うれしく思います。これから，読者のみなさんから多くの声援があることを期待しています。

2020年4月　著者しるす

# 目　次

**上巻目次**

5

**IN BETWEEN**

in between は前置詞および副詞として使われる。まず前置詞の用法から見てみよう。

## 1.　前置詞的用法

in between は前置詞 in と between が合わさってできた表現である。この 2 つの要素の結合は次のように成立する。図 1 において，前置詞 in は X が Y の領域の中にある関係を表し，between は X between Y and Z で X が 2 つの個体の間にあることを表す。

　in between が合成される過程を見てみよう。まず，in の X が between の X に対応する。次に，in の Y が between の Y と Z に対応する。点線が対応を表示している。これらの要素のうち between が全体の様相を決定する。したがって，in の図が between の図に重なれば **in between** の図ができる。

c.　in between

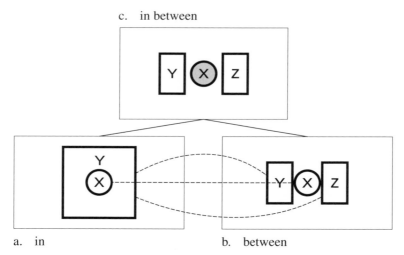

a.　in　　　　　　　　　　　　　　b.　between

図 1

図 1c は X が Y と Z の間にあることを表す。以下に，**in between** の用例を見てみよう。

## 1.1. 空間関係

次において，X は空間的に Y と Z の間にある。

> **1**
> a. He dropped his wallet **in between** the driver seat and the passenger seat.
> 彼は運転席と助手席の間に財布を落とした。
> b. Food particles got stuck **in between** my teeth.
> 食べ物のかすが歯の間にはさまった。
> c. The hospital is situated **in between** the train station and the university.
> その病院は駅と大学の間に位置している。
> d. Wash **in between** your fingers.
> 手の指の間を洗ってください。

## 1.2. 時間関係

次において，X は時間的に Y と Z の間にある。

> **2**
> a. He would relax in the countryside **in between** performances.
> 彼は公演と公演の間には田舎でくつろいだものだった。
> b. The hair stylist goes outside and stretches **in between** clients.
> その美容師はお客様の合間に外に出てストレッチをする。
> c. She is **in between** childhood and womanhood.
> 彼女は少女と成人女性の間の時期にいる。

## 2. 副詞的用法

X **in between** Y and Z の Y and Z は，文脈や状況によって予測可能であれば使われない。この場合，**in between** は副詞である。

**3** a. There are sets of apartments with stairs **in between**.
合間合間に階段のある団地がある。

b. I have breakfast at 7 and lunch at 12, and some snacks **in between**.
私は，7 時に朝食，12 時に昼食を取り，その間におやつを食べる。

# 28 INTO

into は前置詞としてのみ使われる。

## 1. 前置詞的用法

X into Y において into は X が Y の領域に入る関係を表す。図 1 では，X が Y の領域に入る。

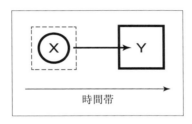

X が Y の領域に入る関係

図 1

## 1.1. 進入

次において，X は Y の領域に入る。

**1**
a. He came **into** the house.
彼はその家に入ってきた。
b. The river ran **into** the sea.
その川は海へ流れ込んだ。
c. The swimmer dived **into** the river.
その泳者は川の中に飛び込んだ。
d. He traveled **into** the next state.
彼はその次の州へ移動していった。
e. She poured the water **into** a bucket.
彼女はバケツに水を注いだ。

次の2つの文を比較してみよう。2a で to の目的語は家の位置であり，2b で **into** の目的語は家の中である。

---

**2** | a. He went to the house.
　　　彼はその家に行った。
　　b. He went **into** the house.
　　　彼はその家の中に入った。

---

## 1.2. 状態の変化

次において，X は Y の状態に入る。状態の変化も2つに分けて考えられる。1つは，状態の変化がある1つの領域の中で起きる場合である。この例として，交通信号を挙げることができる。信号灯が青から赤に変わっても，光自体は変わらない。もう1つは，ある個体がある領域（状態）から他の領域（状態）に変わる場合である。このような例として，液体の水から固体の氷に変わる変化を挙げることができる。

---

**3** | a. The traffic light turned to red.
　　　交通信号が赤になった。
　　b. The water turned **into** ice.
　　　水が氷になった。

---

次は状態の変化を表す。図2a は信号灯の位置が変わることを，図2b は水が氷に変わることを示している。

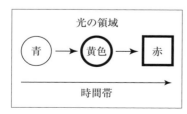
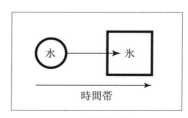

a. turn to: 交替　　　　　b. turn into: 状態変化

図2

次において，X は Y の状態に変わる。

---

**4** a. The factory makes water **into** ice.
その工場は水を氷にする。

b. The heat of the sun melted the candles **into** shapeless masses.
太陽熱がろうそくを溶かして形のないかたまりに変えた。

c. He divided the cake **into** five parts.
彼はケーキを 5 つに切り分けた。

d. He folded the paper **into** four.
彼は紙を 4 重に折った。

e. Susan broke the chocolate **into** pieces.
スーザンはチョコレートをかけらに割った。

---

4a では工場が液体の水を固体の氷に，4b では太陽熱が形のあるろうそくを形のないかたまりに変えたことを，**into** が表す。4c では 1 つのケーキが 5 つになり，4d でも 1 枚の紙が 4 重に折られて形態が変わっている。状態の中には，次のように抽象的なものもある。

---

**5** a. He always gets **into** trouble because he does not work hard.
彼は一生懸命に仕事をしないので，いつも困難に陥る。

b. He often gets **into** a temper.
彼はときどき怒る。

c. The computer came **into** use then.
そのころコンピュータが使われはじめた。

---

5a では困難でない状態から困難な状態へ，5b では平常の状態から怒った状態へ，5c では使われていない状態から使われる状態へと領域が変わることを，**into** が表す。

## 1.3. 予想外

X **into** Y の Y は，意識できない領域または予想できない領域にある場合もある。

普通，私たちが行動するときには，意識や意図を持ってする。したがって，これによって適当な予想をすることができる。この領域の内部を予想領域だとすると，その領域の外は予想外の領域である。次の2つの文を比較してみよう。

---

**6** a. He ran to her.
   彼は彼女のところに走っていった。
   b. He ran **into** her.
   ⅰ) 彼は彼女にぶつかった。
   ⅱ) 彼は偶然彼女と出会った。

---

6a の場合，彼は見えるところにいる彼女に向かって走っていったという意味である。すなわち，彼女は彼の意識の中にいた。しかし，6b の場合，ぶつかったり出会ったりするまで，彼女は彼の意識の中にいなかったものと考えられる。そのため，6b の1つの意味はぶつかるという意味，もう1つの意味は偶然という意味になる。図3において，X は意識の外の領域に入る。

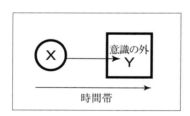

Y: 意識の外

図3

図3において，X は意識の外にある Y と出会う。このため，run **into** は「偶然に会う」という意味を持つことになる。

　次も，6b と同じく，いずれも「偶然に」「思いがけず」の意味を持つ。

---

**7** a. The bus ran **into** a tree.
   バスが木にぶつかった。
   b. The boy fell **into** the fence.
   その少年は柵の中に落ちた。

---

c. He backed **into** a parked car.
  彼は車をバックさせようとして駐車中の車にぶつかった。
d. The two planes crashed **into** each other.
  2機の飛行機が衝突した。
e. The ship ran **into** a storm.
  その船は嵐に遭遇した。

## 1.4. 時間

次の X into Y において，X が時間領域 Y の中に入る。

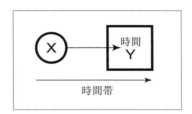

X が時間 Y の中に入る関係

図4

**8** a. We have now advanced far **into** summer.
  私たちはもう夏の中に入っている（すなわち，現在，夏である）。
b. We sat up far **into** the night.
  私たちは夜遅くまで起きていた。
c. We sang far **into** the next morning.
  私たちは明くる朝まで歌を歌った。
d. It was well **into** autumn before John returned.
  ジョンが帰ってくる前に，すでに秋は深まっていた。

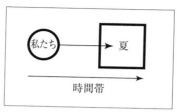

私たちが夏に入る関係

図 5

## 1.5. 組織

家族・軍隊・社会のような組織も領域を持つものと考えられる。したがって，X into Y において，X は組織 Y の中に入る。

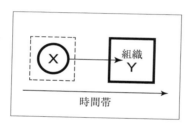

X が組織 Y の中に入る関係

図 6

> **9** a. She had married **into** a rich family.
>    彼女はお金持ちの家に嫁いだ。
>  b. John has got **into** the army.
>    ジョンは陸軍に入隊した。
>  c. They are trying to get **into** local society.
>    彼らは地域社会にとけこもうと努力している。

## 1.6. 過程

次に使われた Y の negotiation, laughter, argument は過程名詞である。過程は始

まりと終わりのある領域として概念化されるため，その中に入ることができる。

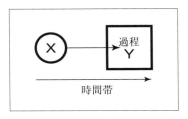

X が過程 Y の中に入る関係

図 7

---

| 10 | a. | They entered **into** negotiations.<br>彼らは交渉に入った。 |
|---|---|---|
| | b. | They broke **into** laughter.<br>彼らは急に笑いはじめた。 |
| | c. | Don't plunge **into** argument with him.<br>彼との論争に飛び込むな。 |

次では，過程が動名詞で表現されている。他動詞の過程は次のように表すことができる。図 8 において，主語が目的語 X に力を加えて過程 Y に入らせる。

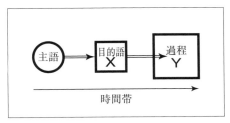

目的語 X が過程 Y の中に入る関係

図 8

---

| 11 | a. | He forced me **into** buying the record.<br>彼は無理に私にレコードを買わせた。 |
|---|---|---|

　　b.　He coaxed me **into** going with him.
　　　　彼は私を誘って一緒に行かせた。
　　c.　He frightened the child **into** running away.
　　　　彼がその子どもを怖がらせたので，その子どもが逃げていった。
　　d.　He persuaded her **into** giving up smoking.
　　　　彼は彼女を説得してタバコをやめさせた。

11a では，彼が私に対して，強制的にレコードを買う過程に入るように仕向けた。つまり，レコードを買わせた。

## 1.7.　調査

次の X into Y において，X が Y を調査する。

| 12 | a. | The investigation team is looking **into** the cause of the accident. |
|----|----|----|
| | | 調査チームがその事故の原因を調査している。 |
| | b. | The special counsel is probing **into** the president's scandal. |
| | | 特別検察官が大統領のスキャンダルを調査している。 |

## 1.8.　熱中

次の X into Y において，人 X が対象 Y にはまっている。

| 13 | a. | The teenagers are deep **into** BTS. |
|----|----|----|
| | | ティーンエイジャーらは BTS にどっぷりはまっている（すなわち，BTS がかなり好きだ）。 |
| | b. | He got **into** Korean culture. |
| | | 彼は韓国の文化が好きになった。 |
| | c. | The child is **into** video games. |
| | | その子どもはビデオゲームにはまっている。 |

## 2．　into と in

前置詞 **into** は前置詞 **in** または副詞 **in** とそれぞれ対照できる。

### 2.1．　前置詞 into と前置詞 in

次の 2 つの文を比較してみよう。

---

**14** a.　Police put him **into** jail.
　　　警察が彼を収監した。
　　b.　He is **in** jail.
　　　彼は刑務所にいる。

---

14a の **into** は収監される過程を指し，14b の **in** は収監された結果を指す。この関係は，次のような図で表すことができる。

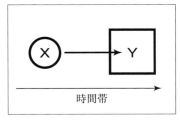 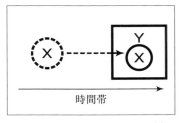

a．　X が Y に入る関係　　　　b．　X が Y に入っている関係

図 9

さらに，次の例文も見てみよう。やはり，**into** は過程，**in** は結果を表す。

---

**15** a.　He was put **into** hospital and he is still **in** hospital.
　　　彼は入院し，いまも入院中である。
　　b.　He got **into** trouble and he is **in** trouble.
　　　彼は問題に巻き込まれて，いまも問題の渦中にいる。

---

## 2.2. 前置詞 into と副詞 in

次の例のように，**into** は副詞 **in** とも対照できる。

---

**16** a. We got **into** a taxi.
私たちは1台のタクシーに入った（すなわち，乗った）。
b. The taxi arrived and we got **in**.
そのタクシーが到着して，私たちは乗った。

---

16a では前置詞 **into** が使われて a taxi が言及されているが，16b では副詞 **in** が使われて文脈から予測可能な the taxi が言及されていない。言及されてはいないが，私たちの入るところがタクシーであることが文脈から分かる。これらの表現の違いは，次のように表せる。図 10a では Y が明示されているが，図 10b では Y が暗示されている。

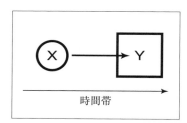
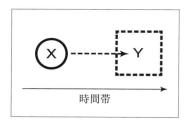

a. 前置詞 into

b. 副詞 in

図 10

# 29 LIKE

like は前置詞としてのみ使われる。

## 1. 前置詞的用法

X like Y において like は X が何らかの面で Y と似ていることを表す。これを図で表すと，次のようになる。

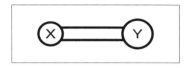

前置詞

図 1

以下で，like の用法を見てみよう。

### 1.1. 感覚動詞

like は感覚動詞と一緒に使われて，X が Y のような感じを持つ関係を描写する。

| 1 | a. | Tigers look **like** cats except for their size. |
|---|---|---|

**1**
- a. Tigers look **like** cats except for their size.
  虎は，大きさを除けば，猫のように見える。
- b. This artificial meat tastes **like** pork.
  この人造肉は豚肉のような味がする。
- c. What does the food smell **like**?
  その食べ物はどんな匂いがしますか。
- d. Now you sound **like** yourself.
  やっとあなたの声らしく聞こえる。

like は他の前置詞とは違って文を目的語として持つ。

**2**
a. It looks **like** they are fighting.
彼らはけんかしているように見える。
b. It feels **like** I am floating in space.
私は宇宙に浮かんでいるように感じられる。
c. It seems **like** we are already in autumn.
すでに秋に入っているように思える。
d. It sounds **like** he is well again.
彼はまた健康になったようだ。
e. He eats/drinks **like** there is no tomorrow.
彼は明日がないかのように食べる / 飲む。

次に見るように，**like** は目的語として名詞や動名詞を持つことができる。

**3**
a. It looks **like** rain/snow.
雨 / 雪が降りそうだ。
b. This story seems **like** a fable.
この話は作り話のように思われる。
c. What's the weather **like** in Seoul?
ソウルの天気はどうですか。
d. I felt **like** crying.
私は泣きたい気分だった。

## 1.2. その他の動詞

動詞を自動詞と他動詞に分けて見てみよう。

### 1.2.1. 自動詞

**4**
a. She is **like** her mother in many ways.
彼女はさまざまな面で母親に似ている。
b. She obeyed **like** a little child.
彼女は幼子のように従った。

c. Her complexion is **like** peaches.
　　彼女の顔色は桃のようだ。

## 1.2.2. 他動詞

**5** a. He treated me **like** a 2-year-old child.
　　彼は私を 2 歳児のように扱った。
b. He managed the crisis **like** a professional.
　　彼は専門家のように危機に対処した。
c. She spends money **like** water.
　　彼女は湯水のようにお金を使う。

## 1.3. 実例提示

次のように，**like** は実例を挙げるときに使われる。

**6** a. They grow vegetables, **like** napa cabbage, lettuce, and toma-toes.
　　彼らは，白菜，レタス，トマトなどの野菜を栽培している。
b. The boy likes animals, **like** dogs, cats, and hamsters.
　　その少年は，犬，猫，ハムスターなどの動物が好きだ。

## 1.4. 特性

次の X **like** Y において，過程 X が Y らしさを示す。

**7** a. It is just **like** him to step up to help.
　　助けようと乗り出すのは彼らしいことである。
b. It is not **like** him to refuse the help.
　　助けを拒むのは彼らしくない。

of は前置詞としてのみ使われる。

## 1. 前置詞的用法

X of Y において，X は Y なしでは存在することができない関係にある。図 1 では，X が Y に内在していることが二重線（=）で表示されている。

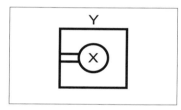

X は Y なしに存在できない存在

図 1

### 1.1. 部分 of 全体

次の X of Y において，X は Y の内在的一部である。つまり，X は Y なしに存在することができない。

---

**1** a. The door **of** the car is broken.
自動車のドアが壊れている。
 b. One leg **of** the table is short.
テーブルの脚が 1 つ短い。
 c. The collar **of** the shirt is worn out.
シャツの襟がすり切れている。

---

次でも，X と Y は部分と全体の関係である。2a・2b では，集団が全体であり，その一部が部分である。

---

> **2** a. Some **of** you have to stay in.
>
>   みなさんのうち何人かは残っていなければならない。
>
> b. He wants to see all **of** us.
>
>   彼は私たちみんなに会いたがっている。
>
> c. I have read part **of** the report.
>
>   私はその報告書の一部を読んだ。

次でも，X は Y の不可分の一部である。

> **3** a. At the corner **of** the street there is a lamp.
>
>   通りの角に街灯がある。
>
> b. On the top **of** the hill stood a hotel.
>
>   丘の頂にホテルがあった。
>
> c. There was an old car in the middle **of** the road.
>
>   道の真ん中に古い自動車があった。

3a では，通りがあってはじめて角がある。言い換えると，角は通りと切り離して考えられない。3b では，丘のような個体があってはじめて頂というものが存在するため，頂と丘は切っても切れない関係にある。3c でも，中央部分が存在するためには，これを含むさらに大きな全体がなければならない。図 2 はこのような関係を表す。

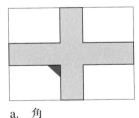

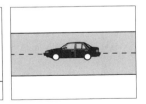

a. 角   b. 頂   c. 中央

図 2

## 1.2. 物体 of 物質

次の X of Y において，X は Y から成る。羊毛のかたまりは羊毛から成る。したがって，羊毛のかたまりと羊毛は分離することができない。

---

**4**
a. The baby is playing with a ball **of** wool.
赤ん坊が羊毛のかたまりで遊んでいる。
b. I have found some lumps **of** wet mud in the garden.
私は庭で濡れた泥のかたまりをいくつか発見した。
c. I bought a small bag **of** groceries.
私は1袋の食料品を買った。
d. The wind blew a grain **of** sand in her eye.
風が彼女の目に砂粒を吹き込んだ。
e. I felt a drop **of** rain a few minutes ago.
私は数分前に雨粒が落ちるのを感じた。

---

次の X **of** Y において，X は Y で満ちている。

---

**5**
a. He fell into a pool **of** water.
彼は水たまりに落ちた。
b. He had a cup **of** coffee.
彼はコーヒーを1杯飲んだ。

---

## 1.3. 人 of 属性

ある物体が特定の物質から成るのと同じように，人間も特定の属性から成るものとして概念化される。次の X **of** Y において，X は人であり，属性 Y を持つ。

---

**6**
He is a man **of** (good sense / wealth / character / honor).
彼は（分別ある / お金持ちの / 人格的な / 名誉を尊重する）人である。

---

## 1.4. 歴史・日付・原因・目的

次の X of Y において，X は Y と切り離して考えられない。例えば，ある村とその歴史，試験とその日付などは，切り離して考えることができない。

| 7 | a. | What is the history **of** the village? |
|---|----|---|

**7**
a. What is the history **of** the village?
　その村の歴史はどのようなものですか。
b. The date **of** the examination is March 20.
　その試験日は 3 月 20 日だ。
c. We don't yet know the cause **of** the accident.
　私たちにはいまだにその事故の原因が分からない。
d. The purpose **of** his coming was to warn us.
　彼が来た目的は，私たちに警告をするためであった。

## 1.5. 匂い・味・質感

次の X **of** Y で，X は匂い・味・質感などであり，これらは Y なしでは存在できない。

**8**
a. The smell **of** the fish is strong.
　その魚の匂いがきつい。
b. The taste **of** lemon is refreshing.
　レモンの味が爽やかだ。
c. The texture **of** the cloth is coarse.
　生地の質感が粗い。

## 1.6. 組織の長 **of** 組織

次の X **of** Y において，X は組織の長であり，Y は組織である。組織の長は組織があってはじめて存在することができる。

| 9 | a. | He is the headmaster **of** our school. |
|---|---|---|
| | | 彼は私たちの学校の校長である。 |
| | b. | Who is the captain **of** your ship? |
| | | あなたの船の船長は誰ですか。 |
| | c. | The minister **of** education is going to come here next week. |
| | | 文部科学大臣が来週ここに来る。 |
| | d. | He is a head **of** the big business. |
| | | 彼は大企業の社長である。 |
| | e. | She is the Queen **of** England. |
| | | 彼女はイギリスの女王である。 |

## 1.7. 子孫 of 先祖

次の X of Y において，X は子孫であり，Y は先祖である。この両者の関係も内在的といえる。

| 10 | a. | John is the son **of** Thomas Williams. |
|---|---|---|
| | | ジョンはトーマス・ウイリアムズの息子である。 |
| | b. | The boy was a grandson **of** the mayor. |
| | | その少年は市長の孫だった。 |
| | c. | They were the children **of** the king. |
| | | 彼らは王の子どもたちだった。 |

## 1.8. 国民 of 国家

次の X of Y において，X は国民であり，Y は国家である。国民は国家なしに存在できない。

| 11 | a. | The citizens **of** Rome rose against the King. |
|---|---|---|
| | | ローマ市民は王に対抗して立ち上がった。 |

b. The peoples **of** Europe have many traditions in common.
ヨーロッパの諸国民は共通した多くの伝統を持っている。
c. He is a native **of** Somerset.
彼はサマセット出身である。
d. The maple **of** Canada is a beautiful tree.
カナダのカエデは美しい木である。

## 1.9. 方法・方式 of 過程

次の X of Y において，X は方法や方式であり，これは Y の過程と切り離すことができない。

**12**
a. That style **of** dressing is very old-fashioned.
そのような服の着こなしは非常に古くさい。
b. His manner **of** speaking is very gentle.
彼の話し方はとても紳士的だ。
c. Her way **of** dealing with difficulties is amazing.
困難に対処する彼女の手際は驚異的だ。
d. His method **of** teaching is very good.
彼の教授法はとてもよい。

## 1.10. 表現 of 内容

次の X of Y において，X は Y から成る。言葉は命令を，ため息は安堵を含んでいる。

**13**
a. At the word **of** command, take a pace forward with the left foot.
命令を下したら，左足を1歩前に踏み出しなさい。
b. He sighed a sigh **of** relief.
彼は安堵のため息をついた。

c. An expression **of** anger crossed his face.
   怒りの表情が彼の顔をよぎった。
d. They issued a warning **of** danger.
   彼らは危険の警告を出した。

## 1.11. 時間の部分 of 全体

次の X of Y において，X は時間の小さい単位であり，Y はこれを含む大きい単位である。

**14**
a. He came on Monday **of** that week.
   彼はその週の月曜日に来た。
b. At this time **of** the year, we don't get much snow.
   1 年のうちでこの時期は，雪があまり降らない。
c. He went back in the first week **of** October.
   彼は 10 月の第 1 週に帰った。

14a では月曜日が 1 週間の不可分の一部であること，14b では 1 年のうちある特定の期間が 1 年の不可分の一部であること，14c では 1 週間が 1 か月の不可分の一部であることを，**of** が表している。

## 1.12. 行為 of 行為者

15 では，X は行為であり，Y は行為者である。行為と行為者は切り離せない。

**15**
a. At the suggestion **of** his partner, he sold his stocks.
   同僚の提案に従って，彼は自分の株を売った。
b. He is learning the skill under the guide **of** a specialist.
   彼は専門家の指導の下で技術を学んでいる。

## 1.13. 作品 of 作者

次の X of Y において，X は作品であり，Y はその作者である。作者なしに作品が存在することはできない。

| 16 | a. | Do you like the works **of** Shakespeare?<br>あなたはシェイクスピアの作品が好きですか。 |
|---|---|---|
| | b. | Have you got the poems **of** Wordsworth?<br>あなたはワーズワースの詩集を持っていますか。 |
| | c. | The paintings **of** Michelangelo are wonderful.<br>ミケランジェロの絵は素晴らしい。 |
| | d. | Can you play the sonatas **of** Beethoven?<br>あなたはベートーヴェンのソナタを演奏できますか。 |

## 1.14. 距離 of 基準点

次の X of Y において，X は距離であり，Y はその基準点である。

| 17 | a. | The supermarket is within 200m **of** my house.<br>そのスーパーは私の家から 200 メートル以内にある。 |
|---|---|---|
| | b. | The post office is within 100m **of** this drug store.<br>その郵便局はこの薬局から 100 メートル以内にある。 |

## 1.15. 他動詞の派生名詞 of 目的語 (1)

X of Y の X として，他動詞から派生した次のような名詞が使われることがある。

| 18 | 動詞 | | 名詞 | |
|---|---|---|---|---|
| | hate | 憎む | hatred | 憎悪 |
| | possess | 所有する | possession | 所有 |

上に挙げた hate や possess は他動詞であり，目的語を持つ。これらの他動詞が

名詞化されると，他動詞の目的語であった語が前置詞 **of** の目的語になる。

---

**19** | a. hatred **of** cats (← He hates cats.)
　　　　猫嫌い　　　　　　彼は猫が嫌いだ。
　　　 b. possession **of** a large house (← He possesses a large house.)
　　　　大きな家の所有　　　　　彼は大きな家を所有している。

---

他動詞の目的語

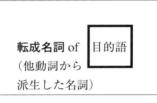

転成名詞 of 他動詞の目的語

図 3

## 1.16. 他動詞の派生名詞 of 目的語 (2)

次では，command，hold，use などの他動詞から派生した名詞が別の他動詞の目的語として使われている。これらの文において，元の他動詞の目的語が前置詞 **of** の目的語になる。

---

**20** | a. He has a good command **of** English.
　　　　彼は英語をうまく使いこなす。
　　　 b. He took hold **of** the rope.
　　　　彼はロープをつかんだ。
　　　 c. He makes use **of** strange words.
　　　　彼は変な単語を使用する。

---

## 1.17. 自動詞の主語

X **of** Y の X として，自動詞から派生した名詞が使われることがある。自動詞は

［主語 – 動詞］の構造で使われる。自動詞が名詞になると，自動詞文の主語で
あった語が前置詞 **of** の目的語になる。

自動詞の主語

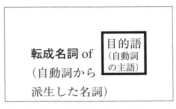

転成名詞 of 目的語（自動詞の主語）

図 4

次において，laughter，howl，crash は自動詞に由来する名詞であり，元の自動
詞文の主語であった語が前置詞 **of** の目的語になる。

---

**21**
a. The laughter **of** the children brightened the day.
子どもたちの笑い声が明るい一日にした。
b. We heard the howl **of** coyotes in the distance.
私たちは遠くでコヨーテの鳴く声を聞いた。
c. The crash **of** thunder frightened us.
雷の音が私たちを怖がらせた。

---

## 1.18. 大きさ・形・価値

次の X of Y において，X は大きさ・形・価値などであり，これらは Y と切り離
して考えられない。

---

**22**
a. What is the size **of** your waist?
あなたのウエストのサイズはどれくらいですか。
b. What's the shape **of** his nose?
彼の鼻はどんな形ですか。
c. What is the value **of** this thing?
この品物の価値は何ですか。

---

d. What is the good **of** his coming tomorrow?
彼が明日来たところで何の意味がありますか。

## 1.19. 除去動詞

除去動詞の文は次の構造を持つ。

**主語 – 除去動詞 – 目的語 – of – 目的語**

**23** a. He cleared the street **of** snow.
彼は道で雪かきをした。
b. The Boxing Society stripped the boxer **of** his title.
ボクシング協会はその選手からタイトルを剥奪した。

23a では，彼が道全体を取り除くのではなく，その道にある何かを取り除くのであり，**of** の目的語 Y は取り除かれるものが何なのかを明示する。23b では，ボクシング協会が選手自身を奪うのではなく，彼の持つ何かを奪うのであり，**of** の目的語 Y は奪われるものが何なのかを明示する。

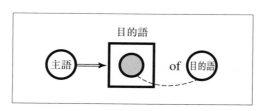

除去動詞：of 目的語＝除去される部分

図 5

## 1.20. 情報動詞

除去動詞と同じように，情報動詞の文も次の構造を持つ。

**主語 – 情報動詞 – 目的語 – of – 目的語**

---

| 24 | a. | He informed me **of** the news. |
|---|---|---|
| | | 彼は私にその情報を知らせてくれた。 |
| | b. | The weather bureau advised us **of** a typhoon. |
| | | 気象庁が私たちに台風を知らせてくれた。 |

24a では，主語が目的語に情報を与えることを inform が表すが，情報自体は **of** の目的語 Y によって明示される。情報動詞も次のように図で表すことができる。

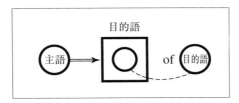

情報動詞：of 目的語＝情報の内容

図 6

## 1.21. 消尽動詞

除去動詞や情報動詞と同じ構造で使われるものに，次のような表現がある。次の 25a では，主語 we が走るのではなく，砂糖が私たちから出ていくのである。

| 25 | a. | We are running out **of** sugar. |
|---|---|---|
| | | 私たちは砂糖を切らしている。 |
| | b. | The battery is running out **of** energy. |
| | | バッテリーはエネルギーが尽きている。 |
| | c. | The company is blowing out **of** steam. |
| | | その会社は息切れしている（すなわち，勢いがない）。 |
| | d. | He is out **of** his mind. |
| | | 彼は心が出ている（すなわち，狂っている）。 |

例文 25 の構造を見る前に，次の 2 つの文を比較してみよう。

<table>
<tr><td>26</td><td>a.</td><td>He ran out **of** the hall.</td></tr>
<tr><td></td><td></td><td>彼はその講堂から駆け出してきた。</td></tr>
<tr><td></td><td>b.</td><td>He is running out **of** sugar.</td></tr>
<tr><td></td><td></td><td>彼は砂糖を切らしている。</td></tr>
</table>

26a・26b には out **of** が使われているが，その構造が異なる。26a は次のような構造を持つ。

[out **of** the hall]

一方，26b は次のような構造を持つ。

[out] [**of** sugar]

26b を再び見てみよう。

<table>
<tr><td>27</td><td>a.</td><td>Sugar is running out.</td></tr>
<tr><td></td><td></td><td>砂糖が切れている。</td></tr>
<tr><td></td><td>b.</td><td>He is running out [**of** sugar].</td></tr>
<tr><td></td><td></td><td>彼は切らしている，砂糖を。</td></tr>
</table>

27a の場合は，砂糖が切れているという意味である。一方 27b の場合は，彼が何かを切らしているという意味であり，**of** sugar は切らしているものが何なのかを明示する。これは次のような図で表すことができる。

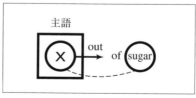

砂糖が主語から出ていく

図 7

次の日本語を見てみよう。

> **28** a. 私，お金がなくなった。
> b. 私もなくなった。

28b でお金という言葉は明示されていないが，なくなったのは自分ではなくお金である。


## 2. 形容詞と of

### 2.1. 属性形容詞

次の X of Y において，X は形容詞であり，この形容詞は人物 Y の属性と関係がある。

> **29** a. It was very kind **of** you to help us.
> 　　私たちを助けてくれたのはあなたの親切な行動でした。
> b. It was stupid **of** her to go out alone.
> 　　彼女が１人で出かけたのは愚かなことであった。
> c. It was rude **of** them not to answer.
> 　　返事をしないのは彼らの無礼さを示すものだった。

29a で kind は it（行動）と **of** の目的語 you を同時に修飾する。すなわち，人も親切で行動も親切であることを表す。29b と 29c に使われたそれぞれの形容詞も，it（行動）と **of** の目的語を同時に修飾する。it の内容は to 不定詞で明示される。このほかにも wise，good，cruel などのようにある人の属性を表す形容詞は，29 のような構造で使われる。


### 2.2. 感情形容詞

次のように精神や肉体の状態を表す形容詞が前置詞 **of** と一緒に使われると，**of** の目的語 Y は内在的原因を表す。

| 30 | a. | The small boy is afraid **of** dogs. |
|----|----|--------------------------------------|
|    |    | その小さな男の子は犬を怖がる。 |
|    | b. | I am ashamed **of** myself. |
|    |    | 私は自分自身が恥ずかしい。 |
|    | c. | I am tired **of** playing tennis every day. |
|    |    | 私は毎日テニスするのに飽きた。 |

30a において，the small boy は afraid の状態に置かれており，**of** はこの afraid が dogs と切り離せない関係であることを表す。30b でも ashamed は myself と不可分の関係であり，30c でも tired は playing tennis と不可分の関係であることを，**of** が表している。

## 2.3. 充満形容詞・空白形容詞

ある容器が満ちたり空いたりする状態は，これを満たしたり空けたりする物質や物体と不可分の関係にある。このような関係が次のように of で表現される。

| 31 | a. | The bucket is full **of** water. |
|----|----|----------------------------------|
|    |    | バケツは水でいっぱいだ。 |
|    | b. | He is possessed **of** great wealth. |
|    |    | 彼は莫大な財産を持っている。 |
|    | c. | We are short **of** money. |
|    |    | 私たちはお金が足りない。 |
|    | d. | The word is void **of** meaning. |
|    |    | その言葉には意味がない。 |

## 2.4. 派生形容詞 of 目的語

次の形容詞は他動詞から派生したものである。

| 32 | 他動詞 | | 形容詞 | |
|---|---|---|---|---|
| | doubt | 疑う | doubtful | 疑わしい |
| | forget | 忘れる | forgetful | 忘れやすい |
| | mind | 気にかける | mindful | 気にかけて忘れない |
| | think | 考える | thoughtful | 思慮深い |

他動詞の目的語は，派生形容詞の文では前置詞 **of** の目的語として表現される。

| 33 | a. | I am doubtful **of** his story. |
|---|---|---|
| | | 私は彼の話を疑っている。 |
| | b. | I am forgetful **of** her name. |
| | | 私は彼女の名前をよく忘れる。 |
| | c. | You should be mindful **of** your duty. |
| | | あなたは自分の任務を肝に銘じなければいけません。 |
| | d. | You should be thoughtful **of** others. |
| | | あなたは他の人たちのことを思いやらなければならない。 |
| | e. | The boy grew reckless **of** danger. |
| | | その少年は危険を気にしなくなった。 |

他動詞から派生した形容詞をもう少し見てみよう。

| 34 | 動詞 | | 形容詞 | |
|---|---|---|---|---|
| | desire | 欲する | desirous | 欲が出る |
| | ignore | 無視する | ignorant | 知らない |
| | observe | 観察する | observant | 注意深い |

他動詞の目的語は，派生形容詞の文では **of** の目的語として表現される。

| 35 | a. | He is desirous **of** the new car. |
|---|---|---|
| | | 彼は新しい車を欲しがっている。 |
| | b. | He is ignorant **of** the simple fact. |
| | | 彼はその単純な事実を知らない。 |

c. He is observant **of** details.
彼は細かい部分に注意する。

35a の the new car は動詞 desire の目的語，35b の the simple fact は動詞 ignore の目的語，35c の details は動詞 observe の目的語に該当する。

# 31 OFF

**off** は前置詞および副詞として使われる。まず前置詞の用法から見てみよう。

## 1. 前置詞的用法

X **off** Y において **off** は X が Y から離れる関係を表す。これを図で表すと，次のようになる。

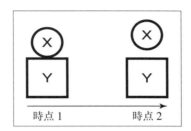

Y に付いていた X が Y から離れる関係

図 1

図 1 において，時点 1 では X が Y に付いているが，時間が経った時点 2 では X が Y から離れている。**off** はこのように離れる関係を表す。

## 1.1. 接触から非接触へ

まず，前置詞 **on** と **off** を対照してみよう。前置詞 **on** は接触を，前置詞 **off** は接触から離れることを表す。

---

**1** a. He got **on** the bus.
　　 彼はバスに乗った。
　 b. He got **off** the bus.
　　 彼はバスから降りた。
　 c. He drove **on** Highway 8.
　　 彼は 8 番高速道路に乗って運転した。

---

d. He turned **off** the Highway at Exit 7.
　　彼は 7 番出口で高速道路から下りた。

次の 2a と 2b，2c と 2d を比較してみよう。

**2** a. A strange object appeared **on** the radar.
　　　 怪しい物体がレーダーに現れた。
　　b. Soon it disappeared **off** the radar.
　　　 すぐさま，それはレーダーから消えた。
　　c. The village is still **on** the map.
　　　 その村はいまも地図上にある。
　　d. The village was wiped **off** the map.
　　　 その村は（洪水などに飲まれて）地図上から消えた。

次に，前置詞 **off** を自動詞文と他動詞文に分けて見ることにする。

### 1.1.1. 自動詞文
次の文では，主語が **off** の目的語 Y から離れる。

**3** a. He fell **off** the chair.
　　　 彼は椅子から落ちた。
　　b. He jumped **off** the cliff.
　　　 彼は崖から飛び降りた。
　　c. The plane slid **off** the runway.
　　　 飛行機がすべって滑走路をはずれた。
　　d. The train went **off** the rail.
　　　 列車が脱線した。
　　e. Rainwater runs **off** the roof into the gutters.
　　　 雨水は屋根を伝って雨どいに入る。

### 1.1.2. 他動詞文
次の文では，他動詞の目的語が **off** の目的語 Y から離れる。

**4** a. He cut a slice **off** the bread.
　彼はパンから1切れ切り取った。
b. He pushed the car **off** the cliff.
　彼は車を押して崖から落とした。
c. He took the cover **off** the box.
　彼は箱からカバーをはずした。
d. He picked an apple **off** the tree.
　彼は木からリンゴをもぎ取った。
e. The angry farmer ran us **off** his land.
　怒った農夫が彼の土地から私たちを追い出した。

次の例も，他動詞の目的語が **off** の目的語 Y から離れる関係を表す。

**5** a. He threw the dog **off** the scent.
　彼が犬を匂いから離した。
b. The judge let him **off** punishment.
　判事が彼を罰から離した（すなわち，罰を受けないようにした）。
c. The officer let the private **off** duty.
　将校がその兵卒を勤務から離した（すなわち，勤務を免除した）。

## 1.2. メトニミー的表現

**6** a. The smell put me **off** my food.
　その匂いが私を食べ物から離した。
b. His teaching method put me **off** mathematics.
　彼の教授法が私を数学から離した。

6a・6b の me は私の体ではなく私の食欲や私の興味を指す。このように，本来の指示対象ではなく関連する別の指示対象を指すのがメトニミーである。

　次でも **off** の目的語はメトニミー的に使われている。次の 7a で，島の人たちが食べるのはバナナの葉自体でなくバナナの葉に盛られたものである。

| 7 | a. | The islanders eat **off** banana leaves. |
|---|----|------|
|   |    | その島の人たちはバナナの葉に盛られたものを食べる。 |
|   | b. | The rich man ate **off** gold plates. |
|   |    | そのお金持ちは金の皿に載った食べ物を食べた。 |
|   | c. | He is living **off** his sister. |
|   |    | 彼は姉がくれるものを食べて暮らしている（すなわち，彼は姉に寄生している）。 |
|   | d. | The farmer lives **off** his land. |
|   |    | その農夫は自分の土地でできるものを食べて暮らしている。 |

## 1.3. 離れた結果状態

以上，**off** が接触から離れる関係を表す例を見てきた。しかし，**off** の前置詞用法の中には，すでに離れている結果状態を表すものもある。図 2a と図 2b を比較してみよう。

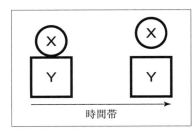

a. X が Y から離れる関係

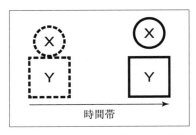

b. X が Y からすでに離れている関係

図 2

図 2a は移動体 X が Y から離れる過程を表し，図 2b は移動体 X が Y からすでに離れている結果状態を表す。

| 8 | a. | He is **off** his drug. |
|---|----|------|
|   |    | 彼は薬を飲むのをやめている。 |
|   | b. | He has been **off** gambling. |
|   |    | 彼はギャンブルをやめている。 |

c. He is **off** his guard.
   彼は警戒を解いている。

## 1.4. **off** と距離表示

X **off** Y において **off** は X が Y から離れている関係を表す。そのため，次のように離れた距離も表現できる。

**9** a. The village is 3 miles **off** the road.
   その村は道路から 3 マイル離れている。
 b. We are 10 miles **off** the city now.
   私たちはいま，その市から 10 マイル離れたところにいる。
 c. He is a long way **off** understanding that.
   彼はそれを理解するところから遠く離れている（すなわち，まったく理解できない）。
 d. She is way **off** the point.
   彼女は核心から遠く離れている。

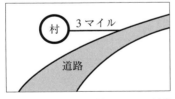
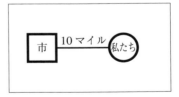

a. 村が道路から離れている距離　　b. 私たちが市から離れている距離

図 3

9c の理解も，抽象的な地点として基準になりうる。理解から遠く離れているということは，理解できないという意味である。

## 2. 副詞的用法

X off Y の Y が使われない場合，**off** は副詞である。図 4b では，Y が点線になっているが，Y がまったく存在しないのではなく，文脈・状況・常識から推測されうることを意味する。

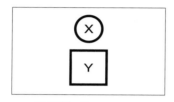

a. 前置詞 off

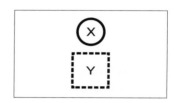

b. 副詞 off

図 4

次の例文を比較してみよう。

| 10 | a. | The lid is **off** the jar. |
|---|---|---|

**10**
  a. The lid is **off** the jar.
     瓶から蓋がはずされている。
  b. The lid is **off**.
     （どこかから）蓋がはずされている。
  c. The tire is **off** the car.
     車からタイヤがはずされている。
  d. The tire is **off**.
     （どこかから）タイヤがはずされている。

10a・10c では，**off** が前置詞として使われており，目的語 Y が明示されている。しかし，10b・10d では，**off** が副詞として使われており，目的語 Y が明示されていない。明示しなくても何なのか聞き手が推測できると話し手が考えたために，明示していないのである。

次の対をなす文を見てみよう。

> **11**　a.　The village is 2 miles **off** the road.
>
> 　　　　その村は道路から 2 マイル離れている。
>
> 　　b.　The village is 2 miles **off**.
>
> 　　　　その村は（どこかから）2 マイル離れている。

11a では，**off** は前置詞として使われており，目的語 Y が明示されている。一方 11b では，**off** が副詞として使われており，目的語 Y が明示されていない。では，暗示された目的語 Y は何だろうか。1 つの可能性は話し手の位置である。すなわち，その村が話し手の位置から 2 マイル離れているという意味である。

　空間的距離は時間的距離にも適用される。次において，暗示された目的語 Y は，話し手も聞き手も知っている時間である。

> **12**　a.　The meeting is 2 hours **off**.
>
> 　　　　会議は（現時点から）2 時間離れている。
>
> 　　b.　The final exam is a week **off**.
>
> 　　　　期末試験は（現時点から）1 週間離れている。

次において，動詞 **keep** と **hold** は，ある状態が持続したりある状態を持続させたりする過程を描写する。次の文を見てみよう。

> **13**　a.　The rain kept **off** a few days.
>
> 　　　　雨は（私たちのいるところから）数日離れていた（すなわち，雨が降らなかった）。
>
> 　　b.　The storm held **off** a few hours.
>
> 　　　　嵐は，（私たちのいるところから）数時間，離れていた（すなわち，嵐が来なかった）。
>
> 　　c.　The fire kept the wild animals **off**.
>
> 　　　　火が野生動物を（私たちのいるところから）離れさせた（すなわち，接近できないようにした）。

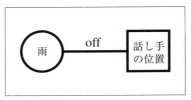

雨が話し手の位置から離れている

図 5

## 3. 慣用的表現

### 3.1. off と動詞

ここで，動詞を通して **off** の意味を考えてみよう。前置詞・副詞 **off** の分離の概念にはなじみがないかもしれないが，この概念は日本語の次の動詞を通して理解できる。

**取る，むしり取る，発つ，はがす**

これらの動詞の特徴は，これらの動詞が表す過程が終われば，1 つの個体が別の個体から離れることである。

---

**14** a. 彼はリンゴを取った。
b. 彼は雑草をむしり取った。
c. 彼は日本を発った。
d. 彼は貼り紙を壁からはがした。

---

### 3.2. 出発

**off** は出発の意味を表す。

---

| 15 | a. | He started **off**. |
|---|---|---|
| | | 彼は出発した。 |
| | b. | The bus pulled **off**. |
| | | バスが（停留所から）出ていった。 |
| | c. | The plane took **off**. |
| | | 飛行機が（陸地から）発った（すなわち，離陸した）。 |
| | d. | Someone made **off** with my smartphone. |
| | | 誰かが私のスマホを持ち去った（すなわち，逃げた）。 |

## 3.3. 払拭

病気や失敗などは，人間にくっついたり離れたりするものとみなされる。次の例を見てみよう。

| 16 | a. | I cannot shake **off** my cold. |
|---|---|---|
| | | 私は風邪を振り払えない。 |
| | b. | He worked **off** his cold. |
| | | 彼は仕事をして風邪を振り払った。 |
| | c. | He slept **off** his hangover. |
| | | 彼は眠って二日酔いを振り払った。 |
| | d. | He laughed **off** his mistake. |
| | | 彼は笑って自分の失敗を振り払った。 |

## 3.4. 採取

木からリンゴを取ればリンゴは木から離れる。**off** はこのような関係を表す。

| 17 | He picked **off** apples. |
|---|---|
| | 彼はリンゴを取った。 |

## 3.5. 切断

ひもを切ればひもは分離される。**off** はこのような関係を表す。

---

**18** a. He was cut **off** during the conversation.
会話の途中で彼の話が中断された。
b. They broke **off** their relation.
彼らは関係を絶った。
c. I must hang **off** now.
そろそろ電話を切らなくちゃ。

---

18a において，he はメトニミー的に彼の話を指す。

## 3.6. 退却・撃退

X **off** Y は，X が Y から離れたり X が Y を離れさせたりすることも表す。

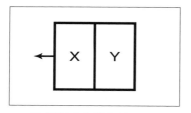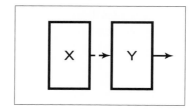

a. X が Y から離れる      b. X が Y を離れさせる

図 6

次の例を見てみよう。19a では主語 X が離れるが，その他の例文では前置詞の目的語 Y が離れる。

---

**19** a. The bear backed **off**.
熊が（攻撃から）離れて退いた。
b. He beat **off** the attack.
彼は攻撃をはねのけた。

---

c. The owner called **off** the dog.
主人が犬を呼んで攻撃から離した。
d. The dog chased **off** the wild pigs.
犬がイノシシを追い払った。
e. The strange sound scared **off** the children.
子どもたちが怪しい音を怖がって逃げていった。

## 3.7. 脱衣など

服を脱げば服が体から離れる。ボタンを服からはずせばボタンが服から離れる。**off** はこのような関係を表す。

**20**
a. He took **off** his shirt.
彼はシャツを脱いだ。
b. He tore the button **off**.
彼はボタンを（服から）はずした。
c. She took the lid **off**.
彼女は蓋を開けた。

## 3.8. 区画

ある区域の一部を全体から分離させると，この部分は全体から離れる。
次の例文を見てみよう。

**21**
a. The farmer roped **off** his garden.
農夫がロープを張って野菜畑を囲った。
b. The police cordoned **off** the accident area.
警察が事故現場を封鎖した。
c. The bridge is blocked **off**.
その橋は封鎖されている。

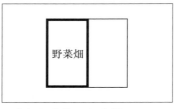

野菜畑が全体から分離

図 7

## 3.9.　延期・中止

式典や競技などは特定の日に予定されて行われる。ある日に予定された行事を切り離すと延期または中止となる。

---

**22** a. They put **off** their marriage until next month.
　　　彼らは来月まで結婚を延期した。
　　b. They called **off** the game.
　　　彼らは試合を中止した。

---

例文 22 の **off** は，結婚や試合の予定された日から離れる関係を表す。

## 3.10.　完済

借金は私たちが負う（on）ものとして概念化される。借金を返せば借金が私たちから離れていく。このような関係を **off** が描写する。

---

**23** a. I paid **off** all my debts.
　　　私はすべての借金を返した（すなわち，借金が私から離れた）。
　　b. This payment tears **off** my debt to the bank.
　　　この支払いで，銀行からのローンを完済する。

---

50

## 3.11. 解雇

人が働くことは，その人が仕事や職場に付いているものと考えられる。したがって，仕事や職場をやめることはそれらから離れるものとみなされる。このような関係を前置詞 **off** が表す。

| 24 | a. | The factory laid **off** some of its workers. |
|---|---|---|
| | | その工場は何人かの労働者を解雇した。 |
| | b. | The company paid the employees **off**. |
| | | その会社は従業員たちにお金を支払って解雇した。 |
| | c. | They brought **off** the detective. |
| | | 彼らはその探偵を解雇した。 |

## 3.12. 決着

試合や選挙で同点になることを縛られる（tie）という。このように縛られたものを解くことも **off** で表現される。

| 25 | a. | The two teams will play **off** (their ties). |
|---|---|---|
| | | 2 つのチームは試合をして同点を解くだろう（すなわち，勝敗を決するだろう）。 |
| | b. | When will the election be run **off**? |
| | | いつ決選投票があるのですか。 |
| | c. | The two candidates who received the highest votes in the election will be running **off** in a TV debate. |
| | | その選挙で最多票を得た 2 人の候補者たちが TV 討論で対決する予定である。 |

## 3.13. 除去

複数の項目があるリストから一部を取り除くことも，**off** で表現される。

> **26** a. He checked **off** the item he had received.
> 　　彼は受け取った品目にチェックを入れた。
> 　　b. The teacher told **off** the names of three students to clean the room.
> 　　教師はその部屋を掃除する 3 名の学生たちの名前を呼んだ。
> 　　c. He counted **off** the passengers when they got on the bus.
> 　　乗客たちがバスに乗るとき，彼はその数を数えた。

### 3.14. 過程の始まり

停止状態から作動状態に移る関係も **off** で表現される。

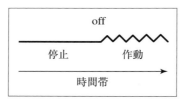

停止状態から作動状態へ

図8

次において，**off** は目的語 Y が始まる関係を表す。

> **27** a. Let's start **off** the day with a song.
> 　　歌で一日を始めよう。
> 　　b. They kicked **off** the tour last week.
> 　　彼らは先週ツアーを始めた。
> 　　c. The hostess led **off** the dance.
> 　　主人が舞踏会を始めた。

次においても，**off** は停止状態から作動状態に入る関係を表す。

| 28 | a. | The alarm goes **off** at 7. |
|---|---|---|
| | | アラームは 7 時に鳴る。 |
| | b. | The bomb went **off** in the middle of the night. |
| | | 爆弾は真夜中に爆発した。 |
| | c. | His remark triggered **off** a riot. |
| | | 彼の言葉が暴動を引き起こした。 |

### 3.15.　過程の終わり

作動状態から停止状態に移る関係も **off** で表現される。

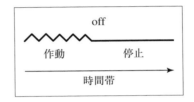

図 9

次において，**off** は目的語 Y が終わる関係を意味する。

| 29 | a. | She brought **off** the seemingly hopeless project. |
|---|---|---|
| | | 彼女は希望のない仕事を完遂した。 |
| | b. | They carried **off** the dangerous task. |
| | | 彼らは危険な仕事を成しとげた。 |
| | c. | He pulled **off** the impossible stunt. |
| | | 彼は不可能な妙技をやりとげた。 |
| | d. | The poet ran **off** a poem in a taxi. |
| | | 詩人はタクシーの中で 1 編の詩をさっと書きあげた。 |

計画された行事が実行段階に移ることも **off** で表現される。

| 30 | a. | The festival went **off** successfully. |
| | | その祭りは成功裏に実行された。 |
| | b. | The debate came **off** well. |
| | | その討論はうまく実行された。 |

例文 30 では動詞 go と come が使われている。動詞 go は中立的な意味であり，動詞 come は話し手と関係があることを表す。

## 3.16. コピー

コピー機で何枚かコピーを取ると，コピー機からコピーが 1 枚ずつ順番に出てくる。このような関係が **off** で表現される。

| 31 | a. | I ran **off** one hundred handouts on the copier/on the laser printer. |
| | | 私は，コピー機で / レーザープリンターで，資料を 100 枚コピー / 印刷した。 |
| | b. | He printed **off** invitation cards. |
| | | 彼は招待状をプリンターで印刷した。 |

## 3.17. 正常離脱

次の X **off** Y において，**off** は X が Y（正常・標準）からはずれることを表す。

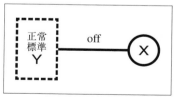

X が Y（正常・標準）から離脱

図 10

54

次の例を見てみよう。

---

**32**
a. The milk went **off**.
牛乳が正常からはずれた（すなわち，腐った）。
b. I think she is a bit **off**.
私は彼女が（正常から）少しはずれていると考える（すなわち，彼女が変である）。
c. He was **off** at least 100 dollars in his estimate.
彼は少なくとも 100 ドル見積りを間違っている。
d. The demand for the article falls **off** in summer.
その商品に対する需要は夏には落ちる。

---

## 3.18. 発出

次の X **off** Y において，X が Y を放つか，X が Y（主語自身）から出てくる。

---

**33**
a. The fish gives **off** a terrible smell.
魚がひどい匂いを放っている。
b. His hard work paid **off**.
彼の努力が効果を発揮した。
c. His enthusiasm rubbed **off** on us.
彼の熱意が私たちに伝わった。

---

## 3.19. 際立ち

次の X **off** Y において，**off** は X（背景）が Y（前景）を際立たせる関係を表す。

---

**34**
a. The hat sets **off** her face.
その帽子は彼女の顔を引き立たせる。
b. The gold frame sets **off** his oil painting.
その金の額縁は彼の油絵を引き立たせる。

---

c. The two brothers played **off** each other.
その2人の兄弟は互いを引き立たせた。

次において，X **off** Y の X（人）は Y（実際）から離れた行動やふるまいをする。

**35** He passed **off** as a Korean.
彼は韓国人のふりをした。

## 3.20. 隔離

次の X **off** Y では，X（動物）が Y（小屋など）によって外部と隔離される。

**36** a. He boxed the wild dog **off**.
彼は荒々しい犬を小屋に入れて外部から隔離した。
b. The lion was caged **off** and is no longer in danger.
ライオンはおりに入れられて隔離されているので，もはや危険ではない。
c. The chickens are cooped **off**.
鶏たちは鳥小屋に入れられて外部と隔離されている。

## 3.21. 対決・対峙

次の **off** は，2つのチームや2人の競争者が距離を置いて対決したり対峙したりする関係を表す。次の例を見てみよう。

**37** a. The incumbent will face **off** against the challenger for mayorship.
現職市長は市長職のために対立候補と対決するだろう。
b. The organizer faced the two finalists **off** against each other.
主催者は2人のファイナリストを互いに対決させた。

c. Hong Kong police are squaring **off** against the protesters.
香港警察はデモの参加者たちと対峙している。

# 32 ON

on は前置詞および副詞として使われる。まず前置詞の用法から見てみよう。

## 1. 前置詞的用法

on の前置詞的用法は，静的関係と動的関係に分けてみることができる。

### 1.1. 静的関係

静的関係において，前置詞 on は X が Y に接している関係を表す。この関係にある X は，Y の上，下，横に接している可能性がある。しかし，ここでは，X が Y の上に接している関係を代表的なものとする。この関係を次のように図で表すことができる。

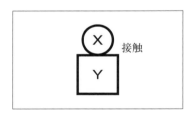

X が Y に接する関係

図1

前置詞 on が示す接触関係は私たちの生活と密接な関連がある。私たちは無重力状態にいるのでない限りどこかに接している。座っていても，寝そべっていても，立っていても，私たちの体はどこかに接触している。次を見てみよう。

### 1.1.1. 地面など

私たちが寝たり座ったり立ったりしているとき，接触している部分がある。1a では彼が床に，1b では彼が椅子に，1c では彼がバルコニーに接している。

**1** a. He is lying **on** the floor.
彼は床に寝そべっている。
b. He is sitting **on** a chair.
彼は椅子に座っている。
c. He stood **on** the balcony.
彼はバルコニーに立っていた。

このほか，人が動いたり立ったりしているとき体が接するところとして，地面，水，氷，雪などがありうる。

**2** a. The spaceman walked **on** Mars.
宇宙飛行士が火星の表面を歩いた。
b. She enjoys water sports **on** the water.
彼女は水上のウォータースポーツを楽しむ。
c. The player lost balance **on** the ice.
その選手は氷の上でバランスを崩した。
d. The race was **on** the snow.
その競技は雪の上でおこなわれた。

私たちの足が舞台やプラットフォームなどに接することなく立っていることはできない。

**3** a. The candidates debated **on** the stage.
候補者たちは舞台の上で討論をした。
b. Hundreds of people are waiting **on** the platform.
何百もの人たちがプラットフォームで待っている。
c. Children are playing **on** the playground.
子どもたちが運動場で遊んでいる。
d. The soccer players lined up **on** the soccer field.
サッカー選手たちがサッカー場に並んでいた。

人が道を歩いたり車が道路を走ったりするとき，人や車が道と接触する。そのため，この場合にも前置詞 **on** が使われる。

**4** a. He is **on** his way home.
　　　　彼は家に帰る途中である。
　　b. We drove down to Nagoya **on** the highway.
　　　　私たちは高速道路に乗って名古屋に下っていった。
　　c. Don't drive **on** bike-only lanes.
　　　　自転車専用道路で運転しないでください。
　　d. Success is **on** course/track.
　　　　成功が軌道に乗る（すなわち，成功は間違いない）。

## 1.1.2. 乗り物

乗り物に乗れば乗り物に接するため，乗り物に乗っている状態も前置詞 **on** で表現される。

**5** a. He came in **on** a plane.
　　　　彼は飛行機に乗ってやってきた。
　　b. She commutes **on** the subway.
　　　　彼女は地下鉄に乗って通勤する。
　　c. We went to Tsushima Island **on** a ferry.
　　　　私たちは旅客船に乗って対馬に行った。

## 1.1.3. 全体と部分

厳密に言えば分離できない2つの個体も，分離されるものとみなしたりする。例えば，顔と微笑は実際には分離できないが，微笑が顔に付いているものとしてみなすことができる。

**6** a. a smile **on** her face
　　　　彼女の顔にある微笑
　　b. hair **on** his head
　　　　彼の頭にある髪
　　c. scars **on** his hand
　　　　彼の手にある傷

> d.  a cyst **on** his arm
>    彼の腕にあるシスト（嚢胞<sup></sup>）
> e.  meat **on** the bone
>    骨に付いている肉
> f.  a mole **on** her neck
>    彼女の首にあるほくろ

ある物体の部品もその物体に接しているか付いているものとみなす。そのため，前置詞 **on** が使われる。次では，自動車と部品の間の関係が **on** で表現されている。

> **7** | a.  the engine
> | b.  the trunk
> | c.  the doors  **on** the car  車の
> | d.  the tires
> | e.  the steering wheel
>
> エンジン
> トランク
> ドア
> タイヤ
> ハンドル

### 1.1.4. 紙・フィルム・画面など
紙に書かれたり描かれたりした文字や絵も，紙に付いているものとみなす。そのため，前置詞 **on** が使われる。

> **8** | a.  We put the contract **on** paper.
> |    私たちは契約書を紙で作成した。
> | b.  He read the nutritional information **on** the menu.
> |    彼はメニューに書かれた栄養情報を読んだ。
> | c.  The explanation is **on** page 23.
> |    その説明は 23 ページにある。
> | d.  The shutdown is the longest **on** record.
> |    そのストライキは記録上最長である。

フィルムやテープなどに記録された映像や音も，それらに付いているものとして概念化される。そのため，前置詞 **on** が使われる。

> **9** a. He put the landscape **on** camera.
>      彼はその風景をカメラに収めた。
>    b. He captured the scene **on** film.
>      彼はその場面をフィルムに捉えた。
>    c. He stored the information **on** CD.
>      彼はその情報を CD に保存した。
>    d. The movie is now available **on** video and DVD.
>      その映画はいまビデオと DVD で見ることができる。

スクリーン，モニター，レーダーなどに現れる情報や映像も，これらに接しているか付いているものとして概念化される。

> **10** a. The man **on** the screen is a scientist.
>      スクリーンに映っている男性は科学者である。
>    b. He called up the data **on** the monitor.
>      彼はモニターに資料を映した。
>    c. Suddenly a plane appeared **on** the radar.
>      突然，1 機の飛行機がレーダーに現れた。

インターネットのプラットフォームに現れる情報もプラットフォームに接しているものとして扱われる。

> **11** a. The information is available **on** every platform.
>      その情報はすべてのプラットフォームで得られる。
>    b. Check the fact **on** the portal site.
>      ポータルサイトでその事実を確認してください。

Facebook，Instagram，YouTube などのメディアも前置詞 **on** と一緒に使われる。これらのメディアが伝える情報はすべて画面に現れる。したがって，この情報は画面に接しているものとして概念化される。

**12**
a. Please follow us **on** Facebook.
フェイスブックで私たちをフォローしてください。
b. She put up the pictures **on** Instagram.
彼女はそれらの写真をインスタグラムにアップした。
c. He watched the news **on** YouTube.
彼はそのニュースをユーチューブで見た。

放送メディアも，他のメディアと同様，前置詞 **on** と一緒に使われる。

**13**
a. He watched the football game **on** TV.
彼はサッカーの試合を TV で見た。
b. He watches movies **on** cable.
彼は映画をケーブル TV で見る。
c. He listens to news **on** the radio every hour on the hour.
彼は毎時きっかりにラジオでニュースを聞く。
d. We invited him **on** our show.
私たちは彼を私たちの番組に招いた。
e. He is **on** live broadcast.
彼は生放送中だ。

## 1.1.5. 道具・楽器

手で道具や楽器などを使うとき，それらの道具や楽器などが手と接触する。そのため，この場合にも前置詞 **on** が使われる。

**14**
a. He received the message **on** the phone.
彼は電話でメッセージを受け取った。
b. He is working **on** the computer.
彼はパソコンを使っている。
c. He played the tune **on** the violin.
彼はバイオリンで曲を演奏した。
d. We can listen to music **on** Bluetooth.
私たちはブルートゥースで音楽を聞くことができる。

### 1.1.6. 旅行・訪問

旅行や訪問をすることも，旅行者や訪問者が旅行や訪問に付いているものとして概念化される。

| 15 | a. | He is **on** a three-day visit to India. |
|----|----|-------------------------------------------|
|    |    | 彼は 3 日間のインド旅行をしている。 |
|    | b. | They are **on** a tour to the island. |
|    |    | 彼らはその島で観光旅行をしている。 |
|    | c. | He went **on** vacation in Canada. |
|    |    | 彼はカナダでの休暇に入った。 |
|    | d. | He is **on** a pilgrimage to the Holy City. |
|    |    | 彼は聖地巡礼中である。 |

### 1.1.7. 組織

理事会の役員，チームや団体の構成員は，それらの組織に付いているものとして概念化される。そのため，前置詞 **on** が使われる。

| 16 | a. | He is a member **on** the board of directors. |
|----|----|-----------------------------------------------|
|    |    | 彼は理事会の役員である。 |
|    | b. | He played **on** the national football team. |
|    |    | 彼はサッカーの国家代表チームでプレーした。 |
|    | c. | He has a seat **on** the council. |
|    |    | 彼はその委員会の一員となっている。 |
|    | d. | He served **on** the commander's staff. |
|    |    | 彼は指揮官の参謀として働いた。 |

### 1.1.8. 関連

これまで，X が Y に**接触**している関係を見てきた。この接触関係はさらに抽象的な**関連**関係へと拡大される。関連関係は図 2 のように表される。

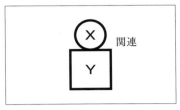

X が Y に関連する関係

図 2

次の X **on** Y において，X は Y と関連している。

---

**17**
a. an archive **on** Pope John
   教皇ヨハネに関する記録保管所
b. information **on** the chair
   会長に関する情報
c. his positive look **on** life
   人生に対する彼の肯定的な態度
d. her stand **on** the issue
   その争点に関する彼女の立場
e. his final volume **on** the Korean war
   朝鮮戦争に関する彼の最後の本
f. discussion **on** fine dust
   細塵に関する討論
g. assessment **on** his presidency
   彼の大統領としての評価

---

## 1.1.9. 途中

X **on** Y において，X は人であり，Y は過程を表す名詞である。前置詞 **on** は X が過程 Y の途中にあることを表す。

---

**18**
a. He listens to music **on** the go.
   彼は移動しながら音楽を聞く（またはスマホで音楽を聞く）。

---

b. The herd of cattle is **on** the move.
   牛の群れが移動中である。
c. Food prices are **on** the rise/**on** the fall.
   食料品の値段が上がって / 下がっている。
d. The population is **on** the increase/**on** the decrease.
   人口が増えて / 減っている。

### 1.1.10. 同時

前置詞 **on** は図 3 のように 2 つの過程を結びつけることができる。この場合，**on** は 2 つの過程が時間的に接していること，つまり 2 つの過程がほとんど同時に起きることを表す。

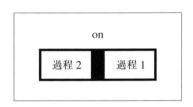

２つの過程が接している関係

図 3

次の例文を見てみよう。19a では，飛行機の着陸と滑走路からの離脱が同時に起きることを **on** が表す。

| 19 | a. | The plane skidded off the runway **on** landing.<br>その飛行機は着陸時に滑走路を離脱した。 |
| | b. | The helicopter crashed **on** takeoff.<br>そのヘリコプターは離陸と同時に墜落した。 |
| | c. | They discussed the issue **upon** his request.<br>彼の要請を受けて彼らはその問題を議論した。 |
| | d. | She closed her eyes **on** seeing the horrible scene.<br>彼女はその残酷な場面を見て目を閉じた。 |

e.  I cried **on** the movie.
    私はその映画を見ながら泣いた。

### 1.1.11.  影響

前置詞 **on** のプロトタイプ的な関係では図 4a のように X が Y の上に接触している。このような場合，X が Y に力を加えると同時に，Y が X を支える関係が作用する。X が Y に力を加える関係が強調されれば**影響**関係を表し（図 4b），反対に Y が X を支える力が強調されれば**依存**関係を表す（図 4c）。

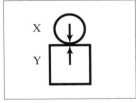

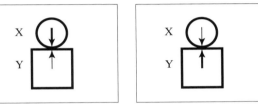

a. 接触：X が Y に接触する関係 　　 b. 影響：X が Y に影響を与える関係 　　 c. 依存：X が Y に依存する関係

図 4

例文 20 において，**on** の目的語 Y は X の影響を受ける。

---

**20** | a.  Trump walked out **on** the partner.
　　　　トランプがパートナーを捨てて出ていった（そのため，パートナーが影響を受けた）。
　　 b.  The time is ticking **on** him.
　　　　時間は刻一刻と過ぎており，彼にとって不利である。
　　 c.  This time, the lunch is **on** me.
　　　　今回，昼食は私がおごる。
　　 d.  He hung up **on** me.
　　　　彼が電話を途中で切ったので，私は不快になった。
　　 e.  The deadline is coming up **on** you.
　　　　あなたにとって不利なことに，締め切り日が迫ってきている。

---

名詞（1）**on** 名詞（2）は，名詞（1）が名詞（2）に影響を与えることをを表す。

| 21 | a. | backlash **on** Trump |
|----|----|----------------------|
|    |    | トランプに対する反発 |
|    | b. | attack **on** Israel |
|    |    | イスラエルに対する攻撃 |
|    | c. | sanctions **on** Russia |
|    |    | ロシアに加えられた制裁 |
|    | d. | influence **on** young children |
|    |    | 幼い子どもたちに与える影響 |

## 1.1.12. 依存

X on Y の Y が強調されれば，**on** は X が Y に依存する関係を表す。22a では，you が her に依存する。

| 22 | a. | You can always count **on** her to keep her promise. |
|----|----|------------------------------------------------------|
|    |    | あなたは彼女が約束を守ることを当てにしてよい。 |
|    | b. | The old parents depend **on** their daughter for living. |
|    |    | その老父母は生計を娘に頼っている。 |
|    | c. | You can rely **on** the mechanic. |
|    |    | あなたはその整備士を信頼できる。 |

## 1.1.13. 日

すべての出来事は時間や場所と切り離して考えることができない。時間の場合，特定の日や一日の小さい単位である朝・昼・夕方・夜などが，出来事と接しているものとして表現される。

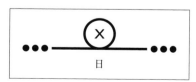

X が一日に接している関係

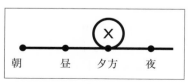

X が一日の一部分に接している関係

図 5

次において，**on** の目的語は特定の日である。

---

**23**
a. I work from home **on** Mondays.
私は月曜日には在宅勤務をしている。
b. The festival starts **on** May first.
その祭りは 5 月 1 日に始まる。
c. He went hiking **on** his day off.
彼は休みの日にハイキングをした。
d. 10 years ago **on** this day, we were in Honolulu.
10 年前のこの日，私たちはホノルルにいた。
e. **On** International Women's Day, hundreds of women marched through the city.
国際女性デーに，何百もの女性たちが市内を行進した。

---

ある特定の日の朝・午後・夕方・夜などには，前置詞 **on** が使われる。

---

**24**
a. **on** a Friday morning
金曜日の朝に
b. **on** the afternoon of April 8th
4 月 8 日の午後に
c. **On** the evening of Christmas, we got together at my place.
クリスマスイブに私たちは私の家に集まった。
d. **On** the night of the Lunar New Year, we stayed up late.
旧暦大晦日の夜，私たちは遅くまで起きていた。

---

## 1.2. 動的関係

動的関係における X **on** Y は，X が Y に行き着く関係を表す。これを図で表すと，次のようになる。図 6 の時点 1 では X が Y から離れているが，時間が経った時点 2 では X が Y に付いている。

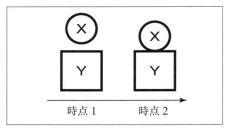

on の動的関係：X が Y に行き着く関係

図6

次の例を見てみよう。

| 25 | a. | Two strips of bacon and a fried egg always go **on** my breakfast table.<br>ベーコン 2 切れと目玉焼きがいつも私の朝食膳にのぼる。 |
| | b. | Lipstick goes **on** the lips.<br>口紅が唇に付く。 |
| | c. | Every morning she sprays water **on** the plants.<br>毎朝彼女は植物に水をまく。 |
| | d. | He hopped **on** the bus.<br>彼はバスに飛び乗った。 |

25a ではベーコン 2 切れと目玉焼きが私の朝食膳にのぼる関係，25b では口紅が唇に付く関係を，**on** が表している。

## 2．副詞的用法

X on Y の Y がない場合，**on** は副詞である。図 7a は前置詞である。図 7b は副詞であり，Y が点線で表示されている。これは，Y がないわけではなく，文脈・状況・常識から推測されることを表す。

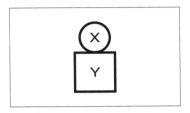

a.　前置詞

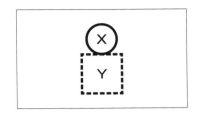

b.　副詞

図 7

## 2.1.　文脈・状況

次の例では，暗示された Y は文脈・状況から推測できる。26a と 26b，26c と 26d を比較してみよう。

| 26 | a. | The lid is **on** the jar. |
|---|---|---|
| | | 瓶に蓋がかぶせられている。 |
| | b. | The lid is **on**. |
| | | （どこかに）蓋がかぶせられている。 |
| | c. | The tires are **on** the car. |
| | | 車にタイヤが装着されている。 |
| | d. | The tires are **on**. |
| | | （どこかに）タイヤが装着されている。 |

## 2.2.　常識

次の例では，暗示された Y は常識から推測できる。帽子は頭にかぶるものなので，わざわざ言わなくても分かる。

| 27 | He has a hat **on**. |
|---|---|
| | 彼は帽子をかぶっている。 |

しかし，必要であれば，次の文のように **on** の目的語が使われうる。

| 28 | a. | He put the hat **on** the shelf. |
|---|---|---|
| | | 彼は帽子を棚に置いた。 |
| | b. | He put the small hat **on** his big head. |
| | | 彼は大きな頭に小さい帽子をかぶった。 |

## 2.3. 継続

前置詞 **on** は，日本語の**当てる**，**貼る**，**締める**，**付ける**，**はめる**などと似ている。これらの日本語の動詞には共通点がある。これらの動詞が表す過程が終われば，1 つの物体が他の物体に接触する。額に手を当てれば手が額に接し，壁に貼り紙を貼れば貼り紙が壁に接する。

| 29 | a. | 額に手を当てる。 |
|---|---|---|
| | b. | 壁に貼り紙を貼る。 |
| | c. | ベルトを締める。 |
| | d. | 釣り竿に餌を付ける。 |
| | e. | 時計をはめる。 |

一方，副詞 **on** は日本語の**つなぐ**，**続ける**，**続く**などと似た点がある。それらの日本語の例を見てみよう。

| 30 | a. | このひもをつないで長くしなさい。 |
|---|---|---|
| | b. | お客様方が続けて入る。 |
| | c. | 雲がいっぱいかかったかと思うと，続いて雨が降った。 |

副詞 **on** も次のように**継続**を表す。

| 31 | a. | He spent a day in Kyoto and went **on** to Nara. |
|---|---|---|
| | | 彼は京都で一日過ごし，**続いて**奈良へ行った。 |
| | b. | Don't stop here. Go **on**. |
| | | ここで立ち止まるな。**続けて**進みなさい。 |

例文 31 から分かるように，継続には大きく分けて 2 種類ある。1 つは，動いて，いったん休んで，また続けて動く，そのような継続である。もう 1 つは，休みが入るはずのところで休まずに動きつづける，そのような継続である。この 2 つの継続は，次のように表すことができる。

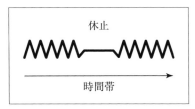

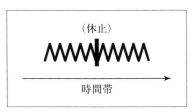

a. 休んだ後にまた続けて動く　　　b. 休まず動きつづける

図 8

もう少しいくつかの例文を見てみよう。次の 32a では会談が長く続き，32b では彼の演説がずっと続く。

| 32 | a. | The talks dragged **on**. |
|---|---|---|
| | | その会談はずるずると長引いた。 |
| | b. | He spoke **on** without hesitation. |
| | | 彼はためらうことなく演説を続けた。 |
| | c. | He urged his horse **on**. |
| | | 彼は馬を促し，続けて行かせた。 |
| | d. | We cheered the runner **on**. |
| | | 私たちはそのランナーを応援し，続けて走らせた。 |

継続のもう 1 つの例として，次の文を比較してみよう。33b の **on** の用法に注目しよう。

| 33 | a. | Jane passed the ball to Jill. |
|---|---|---|
| | | ジェーンはジルにボールを渡した。 |
| | b. | Jane passed the ball **on** to Jill. |
| | | ジェーンは続いてジルにボールを渡した。 |

33a ではジェーンがジルにボールを渡し，33b ではジェーンが他の人から受け取ったボールを続いてジルに渡す。これを図で表すと，次のようになる。

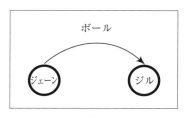

a.　pass the ball

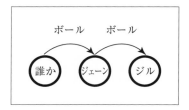

b.　pass the ball on

図 9

次の 34b・34d でも **on** は継続を表す。

---

**34** | a.　He handed the knowledge to his son.
　　　　彼はその知識を息子に伝えた。
　　 b.　He handed the knowledge **on** to his son.
　　　　彼は（他の人から学んだ）その知識を続いて息子に伝えた。
　　 c.　He sold the car to Clinton.
　　　　彼はクリントンに車を売った。
　　 d.　He sold the car **on** to Clinton.
　　　　彼は（他の人から買った）車を続いてクリントンに売った。

---

## 2.4.　作動状態

副詞 **on** は作動状態を表す。次の 35a は，水の流れや電気の流れなどが作動状態にあることを表す。

---

**35** | a.　The water is **on**.
　　　　水が（絶えず）流れている。
　　 b.　The lights are **on**.
　　　　灯りがついている。

---

c. The concert is **on**.
コンサートが進行中である。
d. The radio is **on**.
ラジオがついている。
e. What's **on** in the town hall?
公会堂では何が上映 / 演奏されていますか。

次では副詞 on が他動詞と一緒に使われており，他動詞の目的語が作動状態に入ることを表す。

**36**
a. He turned the radio **on**.
彼はラジオをつけた。
b. He switched the light **on**.
彼はスイッチを入れて灯りをつけた。
c. He kept the air conditioner **on**.
彼はエアコンをつけっぱなしにしておいた。

# 33 OUT

out は前置詞および副詞として使われる。まず前置詞の用法から見てみよう。

## 1. 前置詞的用法

X out Y において，out は X が Y の外に出る関係を描写する。これは次のように図で表すことができる。

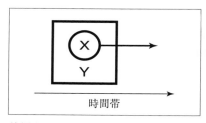

前置詞 out: X が Y の外に出る関係

図1

次の例では，前置詞 out が使われている。

---

**1**　a.　The bird flew **out** the window.
　　　　鳥が窓から飛んで出ていった。
　　b.　He looked **out** the car window.
　　　　彼は車窓から外を眺めた。
　　c.　The cat walked **out** the door.
　　　　猫がドアから歩いて出ていった。

---

## 2. 副詞的用法

X out Y の Y に言及しなくても聞き手が推測できると話し手が判断すれば，Y は使われない。そのような場合は副詞であり，次のような図で表せる。

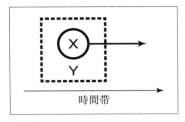

副詞 out

図 2

図 2 の Y は点線で表示されている。これは，Y が存在しないのではなく，Y が潜在していることを示す。副詞 **out** は，以下の慣用的表現に示すとおり，多様な拡張的意味として使われる。

## 3. 慣用的表現

### 3.1. 出る関係

次において，X は Y の中から外に出る。2a では，彼女は話し手と聞き手がともに知っている場所から出る。2b では枝が木全体の輪郭からはずれる様子，2c ではトンネルが尾根から抜け出る様子を表す。

> **2** a. She went **out**.
>    彼女は出ていった。
>   b. The branch sticks **out**.
>    枝が外に飛び出ている。
>   c. The tunnel goes **out**.
>    そのトンネルは外に通じている。
>   d. The cat in the basket jumped **out**.
>    かごの中の猫が飛び出してきた。
>   e. I asked her **out** on a date.
>    私は彼女をデートに誘った。

a. 枝が外に飛び出る　　　b. トンネルが外に通じる

図3

## 3.2. 伸張

次のようにある人が腕を伸ばしたり振り回したりする関係も，**out** で表現される。

> **3** a. He reached **out** to touch something.
> 　　　彼は何かに触ろうと手を伸ばした。
> 　　b. He struck **out** in fury.
> 　　　彼は激しく怒って手を振り回しながら叩いた。
> 　　c. John hit **out** in all directions.
> 　　　ジョンは四方八方に腕を振り回しながら殴った。
> 　　d. The horse sometimes kicks **out** at you.
> 　　　その馬はときどきあなたを蹴る。

## 3.3. 出す関係

### 3.3.1. しぼり出し

次において，**out** は内部にあったものを外部にしぼり出す関係を表す。

> **4** a. Wring the water **out** (of the dishcloth).
> 　　　（ふきんから）水をしぼり出せ。
> 　　b. Squeeze the water **out** (of the rag).
> 　　　（ぞうきんから）水をしぼり出しなさい。

c. This tool is for pressing juice **out** of fruit.
この道具は果物からジュースをしぼり出すために使われる。
d. There is dust in the mat. Beat it **out**.
そのマットにほこりがある。はたき出しなさい。

## 3.3.2. 取り出し

次において，**out** は何かを抜き取ったりふるいにかけたりして取り出す関係を描写する。

5 a. Take **out** the apples we'll take with us.
私たちが持って行くリンゴを取り出しなさい。
b. There are rocks in rice: sift them **out**.
米に石が交じっている。ふるいにかけて取り除きなさい。
c. We weeded **out** the wildflowers.
私たちは野の花を摘み取った。

## 3.3.3. 切り取り

次において，**out** は何かを切り取ったり切り抜いたりする関係を表す。

6 a. Carve **out** the best piece of meat.
肉の最もよい部分を切り取りなさい。
b. Cut **out** the picture and save it.
その絵を切り抜いて保管しなさい。
c. He cut **out** the article about his performance.
彼は自分の公演に関する記事を切り抜いた。

図 4 において，Y は全体から切り取られる。

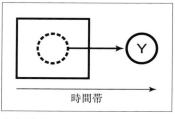

時間帯

切り取り

図 4

### 3.3.4. 退去

次において，**out** は約束などから抜け出す関係を表す。

> **7** a. He bowed **out** (of the competition).
>     彼は（その競争から）おとなしく退いた。
>  b. He chickened **out** (of swimming across the river).
>     彼は怖くて（川で泳ぐことから）逃げ出した。
>  c. You can't cop **out** (of raising your children).
>     あなたは（子どもを育てる責任から）免れられない。

### 3.3.5. 脱落

運動競技で選手がプレーをしているときは競技の領域の中におり，退場したり脱落したりするときはこの領域から出るものと解釈される。

> **8** a. He struck **out** the best batter.
>     彼は最優秀打者をストライクで退けた。
>  b. The batter fouled **out**.
>     その打者はファールで凡退した。
>  c. The referee counted **out** the felled boxer.
>     レフェリーは 10 まで数えて倒れたボクサーを退場させた。

### 3.3.6.　選別
次において，**out** は何かを選り分けたり選び出したりする関係を表す。

> **9**　a.　Separate **out** the facts from fantasies.
> 　　事実を幻想から選り分けなさい。
> 　　b.　Sort **out** facts from fiction.
> 　　事実を虚構から分離しなさい。
> 　　c.　She always picks **out** the most expensive toys.
> 　　彼女はいつも最も高いおもちゃを選ぶ。

### 3.3.7.　除外
次において，**out** は何かを除外する関係を表す。

> **10**　a.　In telling his mother about his trip, he left **out** the part about going to Korea.
> 　　彼は自分の旅行について母親に話すとき，韓国に行く部分を省いた。
> 　　b.　The captain missed Tom **out** of the list.
> 　　主将はトムを名簿からはずした。

### 3.3.8.　貸し出し
次において，**out** は本や家などを貸し出す関係を表す。

> **11**　a.　Did you lend **out** all your books?
> 　　あなたは自分のすべての本を貸してあげたんですか。
> 　　b.　He rents **out** his house at the beach.
> 　　彼は海辺にある自分の家を貸し出している。

### 3.3.9.　差し出し
次において，**out** は何かを差し出す関係を表す。

| 12 | a. | She dished **out** vegetables. |
|----|----|----|
|    |    | 彼女は野菜をよそって分けてあげた。 |
|    | b. | Please serve **out** the rice. |
|    |    | ごはんをよそって分けてください。 |
|    | c. | She gave **out** the handouts. |
|    |    | 彼女はそれらの資料を配付した。 |
|    | d. | The judge boasted of meting **out** probations. |
|    |    | 判事は執行猶予を与えたことを誇らしく思った。 |
|    | e. | He brought **out** some interesting facts. |
|    |    | 彼は面白い事実をいくつか提示した。 |

### 3.3.10. 明確化

次において，**out** は結果が明らかになる関係を表す。

| 13 | a. | It came **out** that he had been cheated. |
|----|----|----|
|    |    | 彼がだまされていたことが明らかになった。 |
|    | b. | He turned **out** to be well. |
|    |    | 彼が健康なことが明らかになった。 |

### 3.3.11. 漏出

次において，**out** は秘密などが漏れ出す関係を表す。

| 14 | a. | She let **out** that she had been married before. |
|----|----|----|
|    |    | 彼女は婚姻歴があることを漏らした。 |
|    | b. | The news of his appointment leaked **out**. |
|    |    | 彼の任命のニュースが漏れた。 |

### 3.3.12. 消尽

次において，**out** は補給品やガソリンなどがすべてなくなる関係を表す。

**15**
a. There was so much demand for the new postage stamps that before midday supplies had run **out**.
　新しい切手に対する需要が非常に多く，午前中に売り切れた。
b. When we were only a few miles from our destination, the gasoline gave **out**.
　私たちが目的地からたった数マイル離れた地点にいたときに，ガソリンが切れてしまった。
c. It was feared that food supplies would give **out**.
　食糧供給がなくなるのではないかと心配だった。

人間の力は人間の体という容器に入っているものとみなすことができる。力が体を抜け出すということは力がなくなるという意味になる。

**16**
She talked (cried, tired) herself **out**.
彼女は話をしすぎて（泣きすぎて，疲れて）へとへとになった。

### 3.3.13. 解明・発見

次において，**out** は何かを見つけ出す関係を表す。

**17**
a. The reporter ferreted **out** the facts.
　その記者が事実を暴いた。
b. I must search **out** the truth about my origins.
　私は自分の出生に関する真実を調べなければならない。
c. The public smoked **out** the criminal.
　大衆が犯人を見つけた。
d. I have to hunt **out** his address.
　私は彼の住所を調べなければならない。
e. The reporter nosed **out** some unpleasant facts about him.
　その記者は彼について不快な事実を暴いた。
f. He searched **out** the tools that he needed.
　彼は必要な道具を見つけた。
g. How can we seek **out** a right person for the job?

どうしたら私たちはその仕事に適した人を見つけられるだろうか。

### 3.3.14.　調査・確認

知らないことを調べたり確認したりすることも **out** で表現される。

---

**18**　a.　Try to figure **out** how to do it.
　　　　それをどのようにするか調べなさい。

　　　b.　Can you make **out** who is standing there?
　　　　あそこに誰が立っているか分かりますか。

　　　c.　The police pieced **out** what had happened.
　　　　警察が，起きた事実を調査して組み上げた。

---

道具や機械などの性能を試すことを表すのにも **out** が使われる。

---

**19**　a.　They tested **out** the new model.
　　　　彼らは新しいモデルを試してみた。

　　　b.　They are going to try **out** the new engine.
　　　　彼らは新しいエンジンを試して性能を調べる予定である。

　　　c.　He checked **out** all the instruments.
　　　　彼はすべての機器をチェックした。

---

### 3.4.　**out** の両義性

### 3.4.1.　可視化

見えていなかったものが見えるようになる関係も **out** で表現される。

---

**20**　a.　The heat rash broke **out**.
　　　　あせもが出た。

　　　b.　Are the daffodils **out** yet?
　　　　スイセンの花が咲いたの？

　　　c.　The stars came **out** one by one.
　　　　星が1つずつ現れた。

---

> d. The mountain is **out**.
> 山が現れた。

### 3.4.2. 不可視化

次では，聞こえていた音が聞こえなくなり，見えていたものが見えなくなる関係を，**out** が表す。

> **21** a. Drown **out** the music.
> 音楽が聞こえないようにしなさい。
> b. Smog blotted **out** the sun.
> スモッグが太陽を見えなくした。

灯りがついていれば，私たちは光や熱を感じることができる。反対に灯りが消えれば，私たちは光や熱を感じることができない。したがって，消灯すれば観察者の領域から灯りが出ていくものと解釈される。

> **22** a. The light went **out**.
> 灯りが消えた。
> b. The flame blew **out**.
> 炎が消えた。
> c. Put **out** the fire.
> 火を消しなさい。
> d. Turn **out** the light.
> 灯りを消しなさい。

### 3.4.3. 創出

見えなかったものが見えるようになる関係は，なかったものが生じる関係に拡大される。

> **23** a. Work **out** the details.
> 詳細を詰めてください。

b.  Think **out** the implications.
    含意を考え出しなさい。
c.  The novelist churned **out** short stories.
    その小説家は多くの短編小説を書いた。

### 3.4.4.  除去・消失

見えていたものが見えなくなる関係は，あったものが取り除かれる関係に拡大される。次の文では，主語の動作の結果としてシーツのしわなどがなくなる。

**24**
a.  Please smooth **out** the sheet.
    シーツをよく広げて（しわなどを）なくしてください。
b.  She combed **out** the knots.
    彼女は髪をとかして，もつれをほぐした。
c.  He bleached **out** the odd color.
    彼は漂白剤を使って変な色を取り除いた。
d.  The mark will rinse **out** in time.
    時間が経てばその跡は洗われてなくなるだろう。

次では，慣習，年，銀行口座などがなくなる。

**25**
a.  The custom is dying **out**.
    その慣習がなくなっていく。
b.  Ring **out** the old year.
    鐘をついて行く年を送り出しなさい。
c.  Close **out** your bank account.
    あなたの銀行口座を閉じてなくしてください（すなわち，解約してください）。

## 3.5.  広げる関係

### 3.5.1.  伸展

次において，**out** は物品などを広げる関係を描写する。

| 26 | a. | Lay **out** the tools on the table. |
|---|---|---|
| | | テーブルの上に道具類を広げておきなさい。 |
| | b. | He set **out** the table. |
| | | 彼はテーブルをセッティングした。 |
| | c. | He laid the cards **out** on the table. |
| | | 彼はテーブルの上にそれらのカードを広げておいた。 |
| | d. | The soldiers spread **out** when they were crossing the field. |
| | | 兵士たちは野原を横切っていくとき大きく広がった。 |

26b の table はメトニミー的にテーブルに載せる食器類を指す。

### 3.5.2. 詳細化
物品などを広げる関係は，計画などを詳細にする関係に拡大される。

| 27 | a. | Lay **out** a garden. |
|---|---|---|
| | | 庭を細かく設計しなさい。 |
| | b. | Map **out** your course. |
| | | あなたのコースを地図に詳しく表示しなさい。 |
| | c. | He is working **out** the plot of his next book. |
| | | 彼は次の本の構成を苦心して考えている。 |
| | d. | Spell **out** the word. |
| | | その単語の綴りを書きなさい。 |
| | e. | Write **out** the abbreviation. |
| | | その略語を略さずに書きなさい。 |

27 において，庭の設計，コース，本の構成などは頭の中に漠然と入っているが，これを外に取り出して詳しくすることを **out** が表す。

## 3.6. 過程の結果
次に使われた **out** は過程の結果を表す。

| 28 | a. | Everything turned **out** OK. |
|---|---|---|
| | | すべてうまくいった。 |
| | b. | Everything worked **out** OK. |
| | | すべて完遂した。 |
| | c. | The photo comes **out** well. |
| | | その写真はよく撮れている。 |

## 3.7. 摩耗

次の **out** は，何かが焼けたりさびついたりすり減ったりして使えなくなる関係を表す。

| 29 | a. | The brake burned **out**. |
|---|---|---|
| | | ブレーキが焼けて使えなくなった。 |
| | b. | The part rusted **out**. |
| | | 部品がさびついて使えなくなった。 |
| | c. | The shoes wore **out**. |
| | | 靴がすり減って履けなくなった。 |

## 3.8. 意識不明

次では，殴られたり事故に遭ったりして，人から意識が離れることを表す。

| 30 | a. | He knocked **out** his opponent. |
|---|---|---|
| | | 彼は相手を殴って意識を失わせた。 |
| | b. | This gas will put you **out** during operation. |
| | | この気体は手術の間あなたの意識を失わせるだろう。 |
| | c. | After the accident, he blacked **out**. |
| | | その事故の後，彼は意識を失った。 |
| | d. | I thought I was going to pass **out**. |
| | | 私は意識を失いそうだと思った。 |

## 3.9. 棄却

次では，思考・記憶・可能性を捨てたり受け入れなかったりすることを表す。

---

**31**
a. Throw **out** that garbage.
あのゴミ（アイディア）を投げ出しなさい（捨てなさい）。
b. They laughed **out** his ideas.
彼らは彼のアイディアを笑って受け入れなかった。
c. They ruled **out** that possibility.
彼らはその可能性を考慮に入れなかった。

---

31a ではある人の頭の中にあるゴミのようなアイディアを外に捨てることを，31b では誰かのアイディアをあざ笑って受け入れないことを，31c ではその可能性を思考領域の外に出すかあるいは思考領域の中に入れないことを，**out** が表す。

---

**32**
a. I may throw **out** an idea which you may then throw **out** as a foolish one.
私がアイディアを（頭の中から）出せば，あなたはそれを（聞いて）馬鹿な考えだと思って捨てるかもしれない。
b. I may dredge **out** a fact from memory or blot it **out**.
私は記憶の中からある事実を引き出すこともできるし，それを消すこともできる。

---

32a の **out** は，話し手が頭の中からアイディアを出す関係，聞き手の頭の中に入ったアイディアを聞き手が外に出す関係を表す。32b の **out** は，記憶の中からある事実を引き出す関係，記憶の中からある事実を消す関係を表す。

## 3.10. 正常から異常へ

次では，X が，正常な状態，望ましい状態，予想される状態，正しい状態から，正常でない状態，望ましくない状態，予想外の状態，正しくない状態になる。

<table>
<tr><td rowspan="4">33</td><td>a.</td><td>That remark put me **out**.<br>その言葉が私の気分を害した。</td></tr>
<tr><td>b.</td><td>The two people fell **out** over it.<br>2人はそのせいで仲が悪くなった。</td></tr>
<tr><td>c.</td><td>The forecast is **out**.<br>その予測ははずれた。</td></tr>
<tr><td>d.</td><td>The bill is **out** by 100 dollars.<br>その請求書は100ドル間違っている。</td></tr>
</table>

33a では気分が悪くない正常な状態にあった X（me）が気分を害して正常でない状態になり，33b では仲のよい望ましい状態にあった X（the two people）が仲たがいして望ましくない状態になり，33c では予想される状態にあった X（the forecast）がはずれて予想外の状態になり，33d では正しい状態にあるべき X（the bill）が間違っていて正しくない状態になる。

## 3.11. 拡張

### 3.11.1. 線的拡張

次の例文では，**out** が長さの拡張を表す。34a はロープを引っ張ってもっと長くしなさいという意味であり，34b は聞き手の髪をもっと長く伸ばしなさいという意味である。

<table>
<tr><td rowspan="2">34</td><td>a.</td><td>Stretch **out** the rope.<br>そのロープを伸ばして長くしなさい。</td></tr>
<tr><td>b.</td><td>Grow **out** your hair so that you can have it styled.<br>飾ることができるように，あなたの髪をもう少し伸ばしてください。</td></tr>
</table>

次において，**out** は間隔が広くなる関係を表す。35a は花と花の間の間隔が広くなること，35b は歩幅が広くなることを表す。

| 35 | a. | Space **out** the flowers more.<br>花の間隔をもっと広くしなさい。 |
|---|---|---|
|  | b. | Lengthen **out** your stride.<br>あなたの歩幅をもっと大きくしてください。 |

### 3.11.2. 面的拡張

次において，**out** は面積が増えることを表す。36a では生地，36b では銀，36c では住宅開発地域が広がる。

| 36 | a. | Flatten **out** the dough.<br>その生地を平たく伸ばしなさい。 |
|---|---|---|
|  | b. | Pound **out** the silver until it is thin.<br>その銀を薄くなるまで叩いて広げなさい。 |
|  | c. | The housing development has sprawled **out** all over the valley.<br>住宅開発が渓谷全体に広がっている。 |

木の枝が広がればその領域が広くなるように，会社や商店の場合，本社や本店を中心にして支社や支店ができればその領域が広くなるものと考えられる。このようにして領域が広くなることも **out** で表現される。

| 37 | a. | The tree is beginning to branch **out**.<br>その木は枝が広がりはじめている。 |
|---|---|---|
|  | b. | The company branched **out**.<br>その会社は支店ができて大きくなった。 |

カーペットが広がったり傘が広げられたりすることも，**out** で表現される。

| 38 | a. | Roll **out** the red carpet.<br>赤いカーペットを完全に広げなさい。 |
|---|---|---|
|  | b. | Open **out** the umbrella.<br>傘を完全に広げなさい。 |

### 3.11.3.　立体的拡張

次において，**out** は立体的に拡張する関係を表す。

---

**39**　a.　It ballooned **out**.
　　　　それは風船のように大きくなった。
　　b.　He puffed **out** his cheeks.
　　　　彼は頬をふくらませた。
　　c.　Birds fluff **out** their feathers to keep warm.
　　　　鳥は体温を維持するために羽毛をふくらませる。
　　d.　She really fills **out** that dress.
　　　　彼女は肉がついてその服がきつくなった。
　　e.　John is fleshing **out**.
　　　　ジョンは肉がついている。

---

39a・39b において，風船や頬は空気が入れば大きくなる。39c の羽毛も隙間に
空気が入ればふくらんで大きくなる。39d・39e では，肉がついて服がきつくな
ることを表す。

## 3.12.　思考の表現

思考は頭の中にあるが，道具・楽器・声・文字・行動などの形で表現されうる。

### 3.12.1.　道具・楽器

次は，心の中の考えを道具や楽器で表す例である。

---

**40**　a.　Tap **out** the message in Morse code.
　　　　そのメッセージをモールス信号で打ちなさい。
　　b.　Unable to answer, she typed **out** her answer.
　　　　彼女は答えることができず，タイプライターで返答を打った。
　　c.　Pound **out** something on the computer.
　　　　パソコンに何かを打ち込みなさい。

---

> **41**
> a. Pound **out** a tune on the piano.
>    ピアノで曲を弾いてください。
> b. Saw **out** a tune on the violin.
>    バイオリンで曲を弾いてください。
> c. Strum **out** a tune on the guitar.
>    ギターで曲を弾いてください。
> d. Beat **out** the message on the drum.
>    そのメッセージを太鼓で打ちなさい。

### 3.12.2.　声
次は，心の中の考えを声で表す例である。

> **42**
> a. Bark **out** orders.
>    大きな声で命令しなさい。
> b. Call **out** your name.
>    あなたの名前を大声で叫びなさい。
> c. Shout **out** your answer.
>    大きな声で返事しなさい。
> d. Peter blurted **out** the secret.
>    ピーターはうっかり秘密を話してしまった。

### 3.12.3.　文字
次は，心の中の考えを文字で表す例である。

> **43**
> a. Scribble **out** your signature.
>    あなたのサインを書いてください。
> b. Write **out** your plans, ideas and goals.
>    あなたの計画，考え，目標を書きなさい。

### 3.12.4.　行動
次は，心の中の考えを行動で表す例である。

| 44 | a. | Act **out** your fantasies. |
|----|----|----|
| | | あなたの幻想を行動で表してください。 |
| | b. | Carry **out** your plans. |
| | | あなたの計画を実践に移してください。 |
| | c. | Live **out** your dreams. |
| | | あなたの夢を人生の中で実現させてください。 |

## 3.13. 音・光の発散

次において，X は音や光を発する源であり，Y はそこから出る音や光である。
**out** は X から出た Y が四方に広がる関係を表す。

| 45 | a. | The whale sends **out** distinctive sounds. |
|----|----|----|
| | | クジラは独特な声を出す。 |
| | b. | He cried **out** in pain. |
| | | 彼は苦しくて大声で泣いた。 |
| | c. | The bell rang **out**. |
| | | 鐘の音が鳴り響いた。 |
| | d. | The candle gives **out** lots of light. |
| | | ろうそくの火は多くの光を発する。 |

45a～45c では，X の発した音 Y が四方に広がっていく。45d では，X の発した
光 Y が四方に広がっていく。45 の **out** が表す関係は図 5 のように表すことがで
きる。

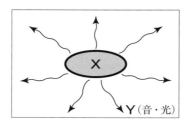

図 5

## 3.14.　視線・注意の広がり

次において，**out** は視線や注意が四方に広がる関係を描写する。

---

**46**　a.　They are looking **out** for the escaped prisoners.
　　　　彼らは逃げ出した囚人たちをあちこちで注意深く捜している。
　　b.　Watch **out** for warning signs.
　　　　警告サインを注意深く見てください。
　　c.　Mind **out** that you don't catch cold.
　　　　風邪をひかないように気をつけてください。
　　d.　Will you listen **out** for the bus arriving?
　　　　バスが到着する音に耳をすませてください。

---

## 3.15.　時間の経過

**out** は，空間関係から時間関係に拡大される。私たちはいくつかの方法で時間を映像化するのだが，そのうちの1つが時間を動く個体とみなす方法である。
　次において，夏や年は過ぎ去るものとして表現されている。

---

**47**　a.　Summer is **out**.
　　　　夏が過ぎた。
　　b.　The year is **out**.
　　　　その年が過ぎた。

---

47 では，夏や年は動く個体であり，私たちの生きている領域から去るものとして表現されている。すなわち，時間は動くものであり，私たちはその場にとどまるものとして概念化される。これを図で表すと，次のようになる。

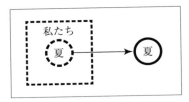

a.　夏季　　　　　　　　b.　夏が過ぎた季節

図 6

図 6a では私たちと夏がともにあり，図 6b ではかつて私たちとともにあった夏が過ぎ去っている。

## 3.16.　過程の終了

次の **out** はある過程が終わる関係を表す。試合，映画，刑期などには時間的な限界がある。このような時間的な限界を脱する，つまり終了する関係も **out** で表される。

> **48**
> a.　In spite of the rain, we played the match **out**.
> 　　雨が降ったが，私たちは最後まで試合をした。
> b.　They decided they would play the game **out**.
> 　　彼らは最後まで試合をすることに決めた。
> c.　I sat **out** the film although I did not like it.
> 　　私はその映画が好きではなかったが，最後まで座っていた。
> d.　He served **out** his sentence.
> 　　彼は刑期を終えた。

次において，X は Y が終わるまで戦ったり待ったりする。

> **49**
> a.　They decided to fight it **out**.
> 　　彼らは最後まで戦うことに決めた。
> b.　Please hear me **out**.
> 　　私の話を最後まで聞いてください（me はメトニミー的に私の話を指す）。

> c. They waited **out** the night in a cave.
>
> 彼らは洞窟の中で夜を明かした。
>
> d. He lived **out** his remaining years of his life in America.
>
> 彼は，人生の残り数年をアメリカで過ごした。
>
> e. He rounded **out** his meal with dessert.
>
> 彼はデザートで食事コースを締めくくった。
>
> f. The best way to round **out** your education is by travelling.
>
> あなたの教育を完全にする最善の方法は旅行によるものである。

49e・49f では，ある手続きや過程で何かが抜けていれば完全でなく，抜けたものを補えば完全なものになることを表す。

## 3.17. 時間の捻出

紙から何かを切り抜くことができるように，一定の時間から一部を切り出すことができる。例えば，試合の途中で作戦会議のために時間を切り出すことができ，仕事の途中で休息のために時間を切り出すことができる。このような関係も **out** で表される。

> **50** At 12 o'clock he took time **out** for a cup of coffee.
>
> 12 時に，彼はコーヒー 1 杯を飲むために時間を取った。

## 3.18. 時間の延長

ある物体を伸ばして長くすることができるように，時間も延長できる。週末，昼，会議の時間，講演の時間などが長くなる関係も，**out** で表現される。

> **51** a. They drew the weekend **out** by leaving the office at noon on Friday and returning at noon on Monday.
>
> 彼らは金曜日の正午に退勤して月曜日の正午に出勤することで週末を延長した。

  b. With the approach of spring, the days begin to draw **out** quite noticeably.

   春が近づくにつれて，確実に昼が長くなりはじめる。

  c. He refused to draw **out** the meeting any further.

   彼は会議をさらに延長することを断った。

  d. The speaker dragged **out** his speech for over two hours.

   その講演者は 2 時間を超えて講演を長引かせた。

  e. He dragged **out** the affair.

   彼は仕事をだらだらと長引かせた。

  f. They stretched **out** the rest period.

   彼らは休憩時間を無理に延長した。

すべての過程には時間がかかる。1 時間で終わらせるはずの仕事を 2 時間で終わらせれば時間が増えたものとみなせる。51e ではこのような時間の増加が **out** で表現されている。また，休憩時間が 10 分の予定だったのに 30 分も休んだとすれば休憩時間が延長されたことになる。51f ではこのような時間の延長が **out** で表現されている。

## 3.19. 維持

一定の量の個体をより長く使うようにすることもできる。

**52** a. It is doubtful whether our resources will hang **out** for more than two or three days more.

   私たちの資金があと 2，3 日持つかどうか疑わしい。

  b. I think the gasoline will hold **out** until we get home.

   私たちが家に帰り着くまでガソリンは切れないと思う。

## 3.20. 結果

be や keep などの状態維持を表す動詞と **out** が一緒に使われると，外に出た結果状態を表す。

　図 7a は X が Y の中から外に出る関係を表し，図 7b は X が Y の外に出ている関係を表す。

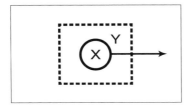

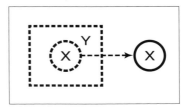

　　a.　過程：X が Y の外に出る関係　　　　b.　結果：X が Y の外に出ている関係

図 7

---

**53** | a.　He is **out** now.
　　　　彼はいま，外に出ている。
　　b.　Keep him **out**.
　　　　彼を中に入れないようにしなさい。
　　c.　Our maid lives **out**.
　　　　私たちの使用人は外で暮らしている。
　　d.　He locked her **out** of the house.
　　　　彼は施錠して彼女が家に入れないようにした。

---

次の **out** は容器 X から Y が出る関係を描写し，of＋名詞が容器から出るものを表す。

---

**54** | a.　We are **out** of milk.
　　　　私たちは牛乳を切らしている。
　　b.　We have run **out** of gas.
　　　　私たちはガソリンを切らしている。
　　c.　We are **out** of coffee.
　　　　私たちはコーヒーを切らしている。

---

次の例でも，**out** は外に出ている関係を表す。

**55** 

a. Let's eat **out** tonight.
今夜，外食しよう。

b. They slept **out** in the garden.
彼らは庭で寝た。

c. He stood **out** in the rain.
彼は雨に打たれながら外に立っていた。

d. Pluck that feather **out**.
羽毛を抜き取りなさい。

e. He plucked the arrow **out**.
彼は矢を抜き取った。

# 34 OVER

over は前置詞および副詞として使われる。まず前置詞の用法から見てみよう。

## 1. 前置詞的用法

前置詞 over は静的関係と動的関係を表す。静的関係から見てみよう。

### 1.1. 静的関係

静的関係における X over Y は，X が Y の上にあり，X が Y より大きい。X と Y は，平面または線の場合もあり，具体的な個体または抽象的な個体の場合もある。また，X と Y の間は接している場合もあり，離れている場合もある。over の静的関係は図 1 のように表すことができる。

　静的関係とは，X が Y の上にある関係を前置詞 over が表すという意味であり，文が静的な状態を表しているという意味ではない。

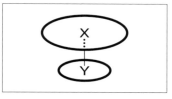

a. 平面：X が Y の上にあり，
　 X が Y より大きい

b. 線：X が Y の上にあり，
　 X が Y より長い

図 1

次の例を見てみよう。

1 a. The balloon is right **over** us.
　 風船が私たちの真上にある。
b. The clouds are **over** the hill now.
　 いま，丘の上に雲がある。

    c.   The balcony projects **over** the entrance.
        バルコニーが出入口の上にまたがっている。

以下で，**over** の静的関係を具体的に観察していこう。

### 1.1.1.　広がり

次において，X は Y の上に広がっている。

**2**  a.   The zoo stands **over** 3 square miles.
        その動物園は 3 平方マイルより広い。
    b.   The railroad stretches **over** 300 miles.
        その鉄道は 300 マイルより長く伸びている。

2a で，X は動物園の面積，Y は 3 平方マイルであり，**over** は X が Y より広い
ことを表す。2b で，X は鉄道の長さ，Y は 300 マイルであり，**over** は X が Y
より長いことを表す。

### 1.1.2.　被覆

次において，**over** は X が Y を覆う関係を表す。

**3**  a.   She laid the blanket **over** the bed.
        彼女はベッドの上に毛布をかぶせた。
    b.   She spread a cloth **over** the table.
        彼女はテーブルの上にテーブルクロスを敷いた。

3a では毛布がベッドより大きく，3b ではテーブルクロスがテーブルより大きい。

### 1.1.3.　垂直関係

これまで見た **over** の関係では図 2a のように X が Y の上にあったが，図 2b の
ように X が Y の横にある場合もある。

a.　水平関係　　　　　　　　　　b.　垂直関係

図 2

次の例で，X と Y はほとんど垂直に近い。

| 4 | a. | He put his hands **over** his ears to shut out the noise. |
|---|---|---|

4　a.　He put his hands **over** his ears to shut out the noise.
　　　　騒音を遮断するために，彼は両手で耳をふさいだ。
　　b.　Hold a handkerchief **over** your mouth when you cough.
　　　　せきをするときには，ハンカチを口に当ててください。
　　c.　He nailed boards **over** the windows before the storm.
　　　　嵐が来る前に，彼は窓に板を釘で打ちつけた。
　　d.　A big cliff bangs **over** us.
　　　　大きな絶壁が私たちの上にある。

### 1.1.4.　かける関係

**over** は X を Y にかける関係も表す。図 3a のように X と Y が直線の場合もあり，図 3b のように X と Y が曲線の場合もある。

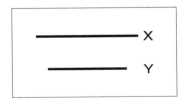
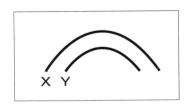

a.　直線　　　　　　　　　　　b.　曲線

図 3

**5** a. He had a coat **over** his arm.
   彼はコートを腕にかけていた。
   b. The towel is hanging **over** the back of the chair.
   タオルが椅子の背にかかっている。

5a では，彼がコート（X）を腕（Y）の一方から他方にかけている。同様に，5b では，タオル（X）が椅子の背（Y）にかかっている。

### 1.1.5. 液体の広がり

次の **over** は，液体類 X が Y を覆ったり Y の上に広がったりする関係を表す。

**6** a. The water ran **over** the field.
   水が畑全体を覆って流れた。
   b. The water ran **over** the rock.
   水が岩全体の上を流れた。
   c. She poured the syrup **over** the pancake.
   彼女はシロップをパンケーキ全体に注いだ。

### 1.1.6. 複数個の広がり

次の **over** は，複数の X が Y 全体に広がっている関係を表す。

**7** a. The broken bottles lay all **over** the floor.
   割れた瓶が床一面に散らばっていた。
   b. The little boy drew pictures all **over** the wall.
   小さな男の子が壁一面に絵を描いた。
   c. There were villages all **over** the country.
   全国に多くの村があった。

7a では，図 4a のように，割れた瓶のかけら（X）が床（Y）一面に散らばっていることを **over** が表す。7b では，図 4b のように，男の子が描いた絵（X）が壁（Y）一面に広がっていることを **over** が表す。

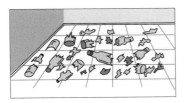 

a.　瓶のかけら：床に散らばって　　　b.　落書きや絵：壁を覆っている
　　　いる関係　　　　　　　　　　　　　　関係

図 4

## 1.1.7.　塗布
次の **over** は，粉のような物質 X を Y 全体に塗布する関係を表す。

---

**8** | a.　You must brush some flour **over** the paper first.
　　　　　みなさんはまず紙全体に粉を塗らなければいけません。
　　　b.　The nurse dusted powder **over** the man's feet.
　　　　　看護師はその男性の足全体に粉を振りかけた。

---

## 1.1.8.　周遊
次の **over** は，ある人の動き X が Y の全域に及ぶ関係を表す。

---

**9** | a.　He travelled all **over** the country.
　　　　　彼は国じゅうを見て回った。
　　　b.　I have been all **over** Awaji Island.
　　　　　私は淡路島全体をあちこち行ってみた。
　　　c.　They wandered **over** Western Canada.
　　　　　彼らはカナダ西部をあまねくさまよった。

---

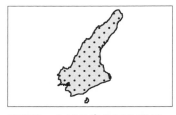

淡路島：全域を歩き回る関係

図 5

### 1.1.9. メトニミー

次において，**over** は X が Y を照らす関係を表す。10a の sun はメトニミー的に日の光を指し，10b の lamp はメトニミー的にランプの灯りを指す。

| 10 | a. | The sun is **over** us. |
|----|----|----|
| | | 日の光が私たちを照らしている。 |
| | b. | The lamp is **over** the desk. |
| | | ランプの灯りが机の上を照らしている。 |
| | c. | The lights are **over** the pool table. |
| | | いくつかの電灯の光がビリヤード台の上にある。 |

### 1.1.10. 数・量・程度

次の **over** は X が Y より数・量・程度などにおいて大きい関係を表す。

| 11 | a. | It cost **over** 10 dollars. |
|----|----|----|
| | | 10 ドルより多くかかった。 |
| | b. | It is **over** 6 pounds in weight. |
| | | 重さが 6 パウンドを超える。 |
| | c. | There were **over** 100 people here. |
| | | ここに 100 名を超える人たちがいた。 |
| | d. | The price of the coat is **over** my budget. |
| | | そのコートの値段は私の予算を越える。 |
| | e. | This year's rainfall is 10 inches **over** last year's. |
| | | 今年の降水量は去年の降水量より 10 インチ多い。 |

f. Ten feet from here, the water is **over** your head.
   ここから 10 フィート進めば水位がみなさんの頭の上に来る。

## 1.1.11. 統制・支配

X が Y の上にあり，X が Y より大きいという関係は，X が Y を統制したり支配したりする関係へと拡張する。

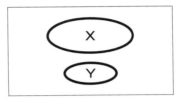

X が Y を統制・支配する関係

図 6

| 12 | a. | Queen Elizabeth reigned **over** England for many years.<br>エリザベス女王はイングランドを長年統治した。 |
| --- | --- | --- |
| | b. | They made him king **over** them.<br>彼らは自分たちの上に立つ王として彼を立てた。 |
| | c. | He was victorious **over** his opponent.<br>彼は相手に勝った。 |
| | d. | He presided **over** the meeting.<br>彼が会議を主宰した。 |

12a では女王が国民の上で統治し，12b では彼が彼らの上に立つ王となり，12c では彼が相手に勝って相手より上に立ち，12d では彼が会議を主宰する関係を，**over** が表している。

## 1.1.12. 感情の原因

次の X **over** Y において，X は感情であり，Y は感情の原因である。言い換えると，感情（X）はその原因（Y）から生じる。

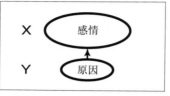

感情 X が原因 Y から生じる関係

図 7

| 13 | a. | She mourned **over** the loss. |
|---|---|---|

**13**
a. She mourned **over** the loss.
　彼女はその喪失を嘆き悲しんだ。
b. She cried **over** her father's death.
　彼女は父親の死を悲しんで泣いた。
c. She grieved **over** the loss of her dog.
　彼女は犬を失って悲しんだ。
d. He worried **over** losing his job.
　彼は職を失うのではないかと心配した。
e. The public are enthusing **over** the new opera.
　大衆はその新しいオペラに熱狂している。

over は，原因・理由を表す他の前置詞とどのような点で異なるのだろうか。over を at と比較してみると，その特性が明らかになる。次において，at の目的語は感情や反応の原因・理由となる。

**14**
a. He regrets **at** her leaving.
　彼は彼女が出発するのが残念だ。
b. He laughed **at** my joke.
　彼は私の冗談を聞いて笑った。

14a では at が使われ，彼女が出発することに対して残念だと，発話時に感じていることを表す。over が使われた場合は，彼女が出発することに対して残念だと，長らく感じつづけることを表す。14b で冗談と笑いの間の関係はほとんど瞬間的である。冗談を聞いて笑ったらそれで終わりだ。もし at の代わりに over が使われていたら，14b の意味は異なる。つまり，冗談を一度聞いて，そのことで

ずっと笑うという意味になる。普通そのようなことはほとんどないので，laugh
（笑う）は **over** と一緒にあまり使われない。反面，mourn（嘆く）などの動詞は
laugh とは違ってある原因に対する反応が瞬間的でなく持続的なので，at と一緒
には使われず，普通 **over** と一緒に使われる。

### 1.1.13. 思考の対象
次の **over** は，思考 X が Y 全体に及ぶ関係を表す。

| 15 | a. | She has been brooding **over** her boy. |
|---|---|---|
| | | 彼女は息子についてじっくり考えてきている。 |
| | b. | The committee mulled **over** your suggestions. |
| | | 委員会はあなたの提案を慎重に考えた。 |
| | c. | He got out the map and pored **over** it. |
| | | 彼は地図を取り出して注意深くのぞき込んだ。 |

## 1.2. 動的関係

動的関係とは，X が Y を越えていく関係を前置詞 **over** が表すという意味であ
り，文が動的な過程を表しているという意味ではない。
　以下で，移動体 X が Y を越えていく動的関係を具体的に見てみよう。

### 1.2.1. 通過の過程

| 16 | a. | The plane flew **over** the mountains. |
|---|---|---|
| | | 飛行機が飛んで山々を通り過ぎた。 |
| | b. | He jumped **over** the ditch/fence. |
| | | 彼は溝／塀を跳び越えた。 |
| | c. | They went **over** the sea to the island. |
| | | 彼らは海を渡ってその島に行った。 |

16a で，X は飛行機が飛ぶ過程であり，Y は山々である。16b で，X は彼が跳ぶ
過程であり，Y は溝や塀である。16c で，X は彼らが移動する過程であり，Y は

海である。これらすべての場合で，Xの距離がYの距離より長い。

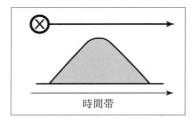 

a. 山々を通り過ぎる　　　　　　b. 溝を跳び越える

図 8

Xの移動は，直線の場合もあるが，放物線や半放物線の場合もある。

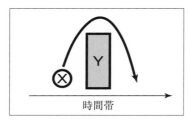 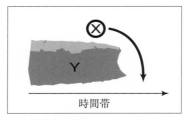

a. 放物線　　　　　　　　　　b. 半放物線

図 9

---

**17** a. He climbed **over** the wall.
　　　 彼は壁をよじ登って越えた。
　　 b. He jumped **over** the fence.
　　　 彼は塀を跳び越えた。
　　 c. He jumped **over** the cliff.
　　　 彼は絶壁を飛び降りた。

---

## 1.2.2.　障害の克服

次の **over** は X が障害物 Y を乗り越える関係を表す。悲しみや困難なども障害物として概念化される。

18
 a. The horse got **over** the hurdle.
   その馬は障害物を跳び越えた。
 b. He hasn't got **over** the death of his wife yet.
   彼は妻の死による悲しみをまだ克服できていない。
 c. They have to get **over** the difficulty.
   彼らはその困難を克服しなければならない。

### 1.2.3. 通過の結果状態

X over Y は，X が Y を通過した結果状態を表す場合もある。図 10a は X が Y を越える過程，図 10b は X が Y を越えた後の結果状態を表す。

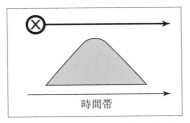
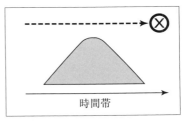

 a. 過程：X が Y を越える関係   b. 結果：X が Y を越えた後の関係

図 10

19
 a. Tom is **over** the sea in Canada.
   トムは海の向こうのカナダに渡っている。
 b. Bob is **over** the river now in the village on the other side.
   ボブはいま，川の向こうの村に渡っている。

### 1.2.4. 主観的移動

over は X の位置を確認するために観察者の視線が Y を越える関係も表す。

20
 a. The house is **over** the river.
   その家は川の向こうにある。

> b. The Clintons live **over** the hill.
> クリントンさん一家は丘の向こうに住んでいる。

例文 20 では話し手の位置が重要であり，図 11 のように表すことができる。

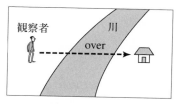
a. 川の向こうに家がある関係

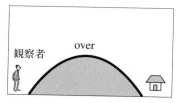
b. 丘の向こうに家がある関係

図 11

20a では，川を間にはさんで観察者と家が反対側にある。もし観察者と家が同じ側にあれば，このような表現は使えない。

## 1.3. 時間関係

私たちは時間を概念化するとき，時点は点として，時間は線として考える。次において，**over** は期間 X が期間 Y より長い関係を表す。

---

**21** a. The war lasted **over** 20 years.
　　その戦争は 20 年より長く続いた。
　　b. It takes **over** an hour to go there.
　　そこに行くには 1 時間より長くかかる。

---

21a で，X は戦争の期間，Y は 20 年であり，**over** は X が Y より長い関係を表す。21b で，X はそこに行くためにかかる時間，Y は 1 時間であり，**over** は X が Y より長い関係を表す。

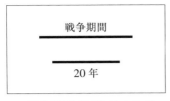

a.　戦争期間が 20 年より長い　　b.　そこに行く時間が 1 時間より長い

図 12

次の X **over** Y において，X は Y にまで及んでいる。22a では，請求書を持っている時間が来月まで及んでいる。

| 22 | a. | I shall hold this bill **over** until next month.<br>私はこの請求書を来月まで保留する。 |
|----|----|----|
| | b. | They will stay here **over** the holidays.<br>彼らは休日を過ぎてもここにとどまるだろう。 |
| | c. | Things vary **over** time.<br>すべてのことは時間が経つにつれて変わる。 |
| | d. | He achieved a lot **over** the ten years.<br>彼は 10 年間で多くのことを成就した。 |

これを図で表すと，次のようになる。

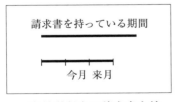

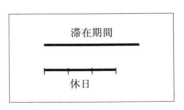

a.　来月過ぎまで請求書を持っ　　b.　滞在期間が休日を超える
　　ている

図 13

次の **over** は，X が Y と同時に行われる関係を表す。23a の a cup of tea はお茶 1 杯ではなくメトニミー的にお茶 1 杯を飲むのにかかる時間を指し，23b の their wine はワイン自体ではなくメトニミー的にワインを飲むのにかかる時間を指す。

113

| 23 | a. | We discussed the matter **over** a cup of tea. |
| | | 私たちはお茶を飲みながらその問題を話し合った。 |
| | b. | They talked **over** their wine. |
| | | 彼らはワインを飲みながら話をした。 |

23a をストレートに解釈すれば，お茶1杯を置いて話し合いをしたという意味である。

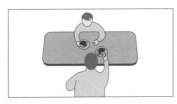

a.　お茶を飲みながら話し合う　　b.　お茶を置いて話し合う

図 14

## 2.　副詞的用法

X over Y の Y に言及しなくても文脈・状況・常識などから聞き手が推測できると話し手が判断すれば，Y は使われない。そのような場合は副詞であり，図 15bのように表せる。副詞 **over** にも静的関係と動的関係がある。

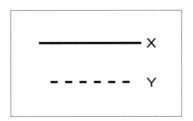

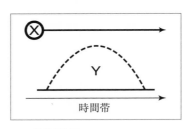

a.　静的関係　　　　　　　　　b.　動的関係

図 15

## 2.1. 静的関係

次において，暗示された Y は文脈から推測される。次の文の動詞は名詞から由来しており，元の名詞の指す個体がある領域や個体を覆っていることを表す。

---

**24**
a. The sky is clouding **over**.
空がすっかり雲に覆われている。
b. The windows have frosted **over**.
それらの窓が完全に霜で覆われた。
c. The lake iced **over** last night.
昨夜，湖全体が凍った。
d. The windows are boarded **over**.
それらの窓は板で覆われている。
e. The door is painted **over** with red varnish.
ドア全体が赤いニスで塗られている。

---

次においても，暗示された Y は文脈から推測される。

---

**25**
a. The movie is suitable for children of 15 and **over**.
その映画は 15 歳以上の子どもたちに向いている。
b. The agency deals with properties worth one million dollars and **over**.
その不動産業者は百万ドル以上の不動産を扱う。

---

### 2.1.1. 選択

次でも，暗示された Y は文脈から推測される。Y は与えられた全体の中から選び取る数であり，X は選び取った残りの数である。

---

**26**
a. There are five here, and we need three, so we have two **over**.
ここに 5 つあるが，私たちは 3 つ必要だから，2 つ残る。
b. After everybody had taken what they needed, nothing remained **over**.

---

│ すべての人が必要なものを取った後，何も残らなかった。

図 16a は 5 つのうち 3 つを選び取って 2 つ残り，図 16b は 3 つのうち 3 つすべてを選び取って何も残らないことを表す。

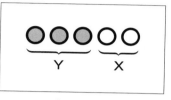
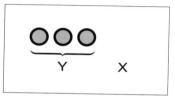

a.　5 つのうち 3 つを選び取る　　b.　3 つをすべて選び取る

図 16

## 2.1.2.　思考・観察

次において，**over** は思考や観察が対象全体に及ぶことを表す。

> **27**
> a.　Think the plan **over** before you decide.
> 　　決定する前に，その案を全体的によく考えてみてください。
> b.　I will look the mail **over** carefully.
> 　　私はその郵便物を全体的に注意深くみるつもりだ。
> c.　I talk the matter **over** with my partner.
> 　　私は共同経営者と一緒にその問題についてじっくり話す。

## 2.2.　動的関係

### 2.2.1.　常識

次において，暗示された Y は常識から推測される。28a では，牛乳が沸きあがってあふれるのだが，どこからあふれるかといえば牛乳を温める鍋などである。28c では，bathtub（浴槽）自体があふれることはありえず，メトニミー的に浴槽の中のお湯を指す。すなわち，浴槽の中のお湯が浴槽からあふれるのである。

28 | a. The milk has boiled **over**.
牛乳が沸いてあふれた。
b. The coffee might spill **over**.
コーヒーがあふれるかもしれない。
c. The bathtub is running **over**.
浴槽（のお湯）があふれている。
d. The glass is brimming **over**.
グラス（の中身）があふれている。

a. 牛乳があふれる　　　b. 浴槽があふれる

図 17

## 2.2.2. 文脈

次において，暗示された Y は文脈から推測される。29a では川であり，29b では畑である。

29 | a. When they reached the river, they tried to get **over**.
彼らは川のほとりに着いて，（その川を）渡ろうとした。
b. The field is getting covered **over** with snow.
畑がすっかり雪で覆われつつある。

## 2.2.3. 状況

次において，暗示された Y は状況から推測される。30a では，話し手が聞き手に来るように言っているが，どこを通過するのかわざわざ言わなくても発話の状況から聞き手に分かると話し手が判断したため，言及していないのである。30c で大統領が越えたのは韓国と北朝鮮の間の境界線である。

117

| 30 | a. | Come **over** and have a drink. |
| | | こっちに来て，1杯飲みなさい。 |
| | b. | Please run **over** to the grocer's and get some eggs. |
| | | 食料品店までひとっ走りして，玉子をいくつか買ってきなさい。 |
| | c. | The president stepped **over** into North Korea. |
| | | 大統領は（境界線を越えて）北朝鮮に足を踏み出した。 |

以下，動的関係を表す副詞 **over** の具体的な例を見てみよう。

## 2.2.4. 通過の過程

次において，暗示された Y は話し手と聞き手がともによく知っているところである。例えば，私たちが住んでいるところや私たち自身でありうる。

| 31 | a. | The storm soon blew **over**. |
| | | 嵐はすぐに過ぎ去った。 |
| | b. | Your trouble will soon pass **over**. |
| | | あなたの苦痛はすぐに過ぎ去るでしょう。 |

31a では嵐が話し手の住んでいるところなどを通り過ぎ，31b では苦痛が聞き手の身体や心を通り過ぎる。

## 2.2.5. 譲渡

**over** は，一方から他方へ越えたり渡ったりする関係から，何かを譲ったり譲り受けたりする関係へと拡大する。

| 32 | a. | The general is taking **over** from his predecessor tomorrow. |
| | | 将軍は，明日，前任者から引き継ぎを受ける予定である。 |
| | b. | She handed the letter **over** to his sister. |
| | | 彼女はその手紙を彼の姉に渡した。 |
| | c. | All rights carry **over** to the purchaser. |
| | | すべての権利は購買者に譲渡される。 |
| | d. | We had better turn the problem **over** to the director. |

私たちはその問題を取締役に任せるのがよさそうだ。

e. He made most of his land **over** to his children.

彼は自分の土地の大部分を子どもたちに相続させた。

f. They intended to put the best qualities of the product **over** to the public.

彼らはその製品の最高の特長を大衆に伝えようとした。

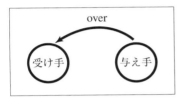

a. 譲り受け

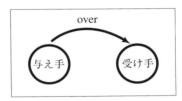

b. 引き渡し

図18

## 2.2.6. 思考の伝達

メッセージ・印象・思考なども，一方から他方へ伝達されるものとして概念化される。

**33** a. The message came **over** clearly.

そのメッセージは明らかに伝わってきた。

b. He came **over** as intelligent.

彼は賢い人として知られていた。

c. He managed to get his idea **over** to us.

彼はなんとか自分の考えを私たちに渡した（すなわち，伝えた）。

## 2.2.7. 反復

次において，**over** は以前した行為を繰り返すことを表す。

**34** a. She told the story **over** again.

彼女はその話を繰り返した。

> b. The child sang the song **over**.
>
> その子どもはその歌をまた歌った。
>
> c. He had already counted the money three times **over**.
>
> 彼はもう 3 回もお金を数えた。

34a で，X は彼女が同じ話を繰り返すことであり，Y は彼女が以前その話をした
ことである。すなわち，以前した話の上にもう 1 つ同じ話が重なる関係である。
これは，図 19 のように表すことができる。

Y の上に X を重ねる過程

図 19

## 2.2.8. 屈曲・転倒

次において，**over** は屈曲・転倒などの関係を表す。

> **35** a. She leaned **over** to see her reflection in the water.
>
> 彼女は水に映る自分の姿を見るためにかがんだ。
>
> b. He bent **over** and his brother climbed on his back.
>
> 彼がかがみこむと，弟が彼の背に乗った。
>
> c. The baby tried to walk, but fell **over**.
>
> その赤ちゃんは歩いてみようとしたが，転んだ。
>
> d. The girl tumbled **over** and hit her head.
>
> その少女は転んで頭をぶつけた。

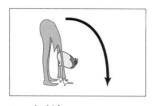
a. かがむ

b. 転ぶ

図 20

次でも，**over** は曲線を描いて移動する関係を表す。

---

**36** a. He knocked the teapot **over**.
彼はテーポットをひっくり返した。
b. During the earthquake the building topped **over**.
地震が起きている間に建物が崩壊した。

---

ティーポットが倒れる

図 21

## 2.2.9. 回転

次において，**over** は人や樽などが転がる関係を表す。

---

**37** a. Every time I roll **over**, I wake up because I put my weight on my wounded knee.
寝返りを打つたびに傷めたひざに重さが加わって，私は眠りから覚める。

---

b. I heard the clock, but I turned **over** and went back to sleep.
私は時計の音を聞いたが，後ろを向いてまた寝た。
c. The barrel rolled **over**.
樽がごろごろ転がった。

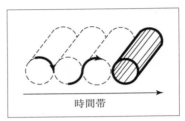

移動体が転がる関係

図 22

図 22 で実線は樽であり，点線は樽が転がった跡である。矢印は転がる方向を表す。

## 2.2.10. 通過の結果状態

これまで見てきた副詞 **over** は，移動体 X が Y を越える関係を表していた。以下で見る副詞 **over** は，移動体 X が Y をすでに越えている関係を表す。図 23 が2つの関係を表す。

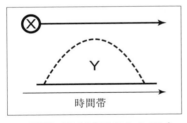

a. 過程：X が暗示された Y を越える関係

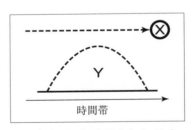

b. 結果：X が暗示された Y をすでに越えている関係

図 23

38    a.   Winter is **over**.
         冬が過ぎた。
     b.   The war is **over**.
         戦争が終わった。
     c.   Our suffering will soon be **over**.
         私たちの苦痛はすぐに過ぎ去るだろう。

## 3. 他の前置詞との比較

### 3.1. over と across

同じ客観的な状況でも，それをどのように見るかによって表現が異なりうる。すなわち，客観的状況が表現を決定するのではなく，話し手がその客観的状況をどのように見るかによって，表現が異なってくる。

39    a.   We stopped on the bridge **across** the river.
         私たちはその川を横切る橋の上で立ち止まった。
     b.   We stopped on the bridge **over** the river.
         私たちはその川の上にかかっている橋の上で立ち止まった。

39a の **across** は橋が川を横切っていることに焦点があり，39b の **over** は橋が川の上にかかっていることに焦点がある。

### 3.2. over と through

この 2 つの前置詞はどちらも「終える」「終わる」という意味で使えるが，次のような違いがある。**through** の場合は行動する人や過程を取り仕切る人が主語となり，**over** の場合はある過程や時間の中で起きる出来事が主語となる。次の例を通じて，この違いを確認できる。

**40** a. We are **through** the meeting.
 私たちはその会合を終えた。
 b. The meeting is **over**.
 会合が終わった。

40a では，私たちが会合の初めから終わりまで通過してきて，今は終わりの時点にいる。40b では，会合が移動して私たちのいる領域を通り過ぎている。

# 35 **PAST**

**past** は前置詞としてのみ使われる。

## 1. 前置詞的用法

X **past** Y では，X が Y を通り過ぎている関係を表す。これを図で表すと，次のようになる。

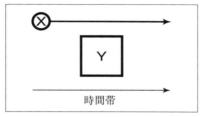

X が Y を通り過ぎる関係

図 1

## 1.1. 通過の過程

次では，X が Y を通り過ぎる過程を表す。

> **1** a. We ran **past** the house.
>    私たちは走ってその家を通り過ぎた。
> b. I think we've gone **past** the corner where we should have turned.
>    私の考えでは，曲がらないといけないところを通り過ぎたみたいだ。
> c. Drive **past** the school and turn left.
>    その学校を過ぎて左折してください。

## 1.2. 通過の結果状態

次では，be 動詞と **past** が一緒に使われ，X が Y を過ぎた結果状態を表す。

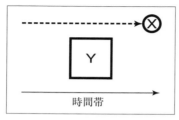

X が Y を通り過ぎた関係

図 2

次において，X と Y は時間であり，X がすでに Y を過ぎている。

> **2** a. It is 10 **past** 12.
> 　 12 時を 10 分過ぎた。
> 　 b. The train was late, so it was **past** dinner time before I got home.
> 　 列車が遅れて，私が家に帰る前に夕食の時間が過ぎてしまった。
> 　 c. You should get up now; it's **past** 10 o'clock.
> 　 いますぐ起きなきゃ。10 時過ぎだよ。

## 1.3. 範囲・程度の超過

> **3** a. Your story is **past** belief.
> 　 あなたの話は信用の範囲を超えている（すなわち，信じられない）。
> 　 b. He would not see me but I am **past** loving him.
> 　 彼は私に会おうとしないが，私はすでに彼を愛していない。

# 36 SINCE

since は前置詞および副詞として使われる。まず前置詞の用法から見てみよう。

## 1. 前置詞的用法

X since Y において，X は状態や過程，Y は過去のある時点であり，since はある状態や過程が過去のある時点から発話の時点まで続くことを表す。そのため，since は現在完了形や現在完了進行形と一緒によく使われる。

　状態は始まりと終わりが明らかではなく 2 つの時点の間に変化がないため，図 1a において状態は直線で表示されている。一方，過程は始まりと終わりが明らかで 2 つの時点の間に変化が生じるため，図 1b において過程は曲線で表示されている。

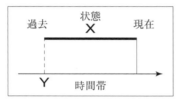
a. 現在まで状態が持続する

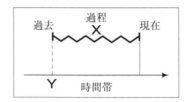
b. 現在まで過程が持続する

図 1

## 1.1. 状態の継続

次の例では，過去から現在まである状態が続いている。

> **1**
> a. The lake has been frozen over **since** last December.
> 　その湖は去年 12 月から凍っている。
> b. It has remained hot **since** May.
> 　5 月から暑い状態が続いている。
> c. The store has been in business for 100 years **since** 1917.
> 　その店は 1917 年から 100 年間営業をしている。

d. How long has it been **since** our last meeting?
前回の最後の出会いからどれだけ時間が過ぎただろう。
e. They have been in love **since** high school.
彼らは高校時代からずっと愛し合っている。

前置詞 **since** は，過去から現在までの期間を表す前置詞 **for** とは区別される。

2　a. She has been on the beach **for** one hour and she begins to brown.
彼女は 1 時間海辺に座っていて，もう肌が焼けはじめている。
b. He has been waiting for her **for** at least 30 minutes.
少なくとも 30 分，彼は彼女を待っている。

## 1.2.　過程の進行

次の例では，過去から現在まである過程が続いている。

3　a. He has been studying linguistics **since** 1970.
1970 年以来ずっと彼は言語学を勉強している。
b. He has been thinking of working abroad **since** college graduation.
大学卒業以来ずっと，彼は海外に出て仕事をしようと考えている。
c. The earth has been warming up **since** the industrial age.
産業時代以降，地球は温暖化が進んでいる。
d. He has been living in the house **since** his retirement.
引退以来ずっと彼はその家で暮らしている。

## 1.3.　一度の出来事

過去に一度起きたことも，**since** と一緒に使える。次の 2 つの例文を比較してみよう。

> **4** a. He broke his own record.
>    彼は自分の記録を更新した。
> b. He has broken his own record **since** his last marathon.
>    前回のマラソン以降，彼は自分の記録を更新した。

過去形の使われた 4a では，彼が自分の記録を更新したのは過去のことであるが，その後その記録が破られたのかどうか分からない。一方，現在完了形が使われた 4b は，彼が過去に自分の記録を更新し，その記録が現在まで破られていないことを表す。4a・4b は図 2 のように表せる。

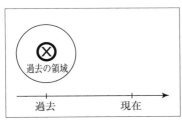

a. 過去形

b. 現在完了形：過去の出来事を
   現在と関連させる関係

図 2

過去形は，過去に起きた出来事を過去に限定する。一方，現在完了形は，過去に起きた出来事であっても現在と関連があることを表す。図 2a では X が過去の領域にとどまっているが，図 2b では X が過去から現在の領域に及んでいる。

> **5** I am hungry.
>    私はおなかがすいている。
> a. I did not eat anything after breakfast.
>    朝食の後，私は何も食べなかった。
> b. I have not eaten anything **since** breakfast.
>    朝食の後，私は何も食べていない。

現在おなかがすいている状態を表すのに，a と b のどちらが適切であろうか。5a は私が過去に何も食べなかった事実のみ表し，5b は過去に何も食べなかった事

実が現在と関連があることを表す。したがって，bのほうが適切である。

　次の文では，現在形や未来形とsinceが使われている。これは，過去から現在まである事実が有効であるか，またはある出来事が初めて起きることを表す。

---

**6** a. The smartphone represents the best advance **since** the telephone.

　　　電話が使われはじめて以降，スマートフォンは最高の進歩である。

　　b. Communication is changing **since** the advent of the smartphone.

　　　スマートフォンの出現以降，コミュニケーションは変わっている。

　　c. Meghan will appear for the first time **since** the birth of his son.

　　　息子の出産以後初めて，メーガンは公の場に現れるだろう。

　　d. He is the 11th person to be rescued **since** the earthquake.

　　　彼は，その地震以後これまでに救助された11番めの人である。

　　e. You are looking much better **since** your operation.

　　　手術の後，あなたはかなりよくなったように見えます。

　　f. She does not come around to see us **since** her marriage.

　　　彼女は結婚以後あまり私たちに会いに来ない。

　　g. I cannot stop thinking about him **since** his hospitalization.

　　　彼が入院してからずっと，私は彼のことを考えずにはいられない。

---

## 2. 副詞的用法

X since Y の Y がない場合，since は副詞である。

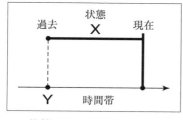

a. 状態

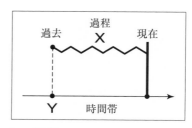

b. 過程

図3

次では，暗示された Y は文脈から推測される。

---

**7**

a. She left Seoul ten years ago and I have not seen her **since**.
   彼女は 10 年前にソウルから去った。その後，私は彼女に会っていない。
b. He lost his job five years ago, but has found other work **since**.
   彼は 5 年前に失業したが，その後，他の仕事を見つけた。
c. He came to Seoul in 2006, and has lived here ever **since**.
   彼は 2006 年にソウルに来て，その後ずっとここに住んでいる。

---

暗示された Y は，7a では 10 年前に彼女がソウルから去った時点，7b では 5 年前に彼が失業した時点，7c では 2006 年に彼がソウルに来た時点である。

**through** は前置詞および副詞として使われる。まず前置詞の用法から見よう。

## 1. 前置詞的用法

X **through** Y では，立体的であるか立体的とみなせる Y の内部を X が通過する関係を表す。図 1 において，X は Y を通過する。

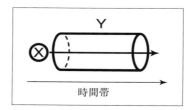

X が Y を通過する関係

図 1

X **through** Y がどのように使われるのか，Y を中心に見てみよう。

### 1.1. 空間的通過

次において，X は窓，部屋，蓋を通り抜ける。

---

**1** a. The stone went **through** the window.
石が窓を突き抜けていった。
b. The shell passed **through** the room with a loud whistle.
砲弾が大きな音を立てて部屋を通過した。
c. I hammered a nail **through** the lid of a box.
私は箱の蓋に釘を打ち込んだ。

---

次において，X は複数の人や木・森などを通り抜ける。

**2** a. I pushed my way **through** the crowd and went out.
私は群衆の間を抜けて外に出た。

b. She passed **through** the party.
彼女はパーティーに集まった人たちの間をくぐり抜けた。

c. He ran **through** the trees.
彼は木々の間を走り抜けた。

d. He wandered **through** the forest.
彼は森の中をさまよいながら通り抜けた。

次において，X は霧，水の中，空などを通り抜ける。

**3** a. Our car's light could not shine **through** the fog.
私たちの自動車のライトは霧を突き抜けて照らせなかった。

b. He swam **through** the water.
彼は水の中を泳いでいった。

c. The submarine slid silently **through** the water.
潜水艦は水の中を静かにすべるように通り過ぎた。

d. The earth moves **through** space.
地球は宇宙の中で動く。

e. Birds flew **through** the sky.
鳥たちが空を飛んでいった。

次において，X は雪や泥の中を通り抜ける。

**4** a. They marched **through** the snow.
彼らは雪の中を行軍した。

b. They walked **through** the mud.
彼らは泥の中を歩いていった。

次において，X は公園や都市の中を通り抜ける。

**5**
  a. They went **through** the park.
     彼らは公園を通り抜けた。
  b. The river flows **through** Seoul.
     その川はソウルの中を流れる。

## 1.2. 時間的通過

次において，X は一定の期間を通り抜ける。

**6**
  a. It rained **through** the night.
     夜じゅう雨が降った。
  b. He worked hard **through** the year.
     彼は一年じゅう一生懸命働いた。
  c. He slept **through** the storm.
     彼は嵐がやむまでずっと眠っていた。

次において，X は演奏，講義，試験などの過程を通り抜ける。

**7**
  a. He sat **through** the performance.
     彼は演奏の間ずっと座っていた。
  b. They giggled **through** the lecture.
     彼らは講義の間ずっとくすくす笑っていた。
  c. She got **through** her exams all right.
     彼女はすべての試験でうまくいった。

## 1.3. 経由

次において，X は Y を経由して目的地に到着する。

**8** He went to Hong Kong **through** Seoul.
     彼はソウルを経由して香港に行った。

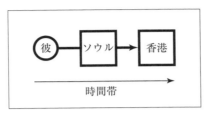

彼がソウルを経由して香港に行く関係

図2

この関係は，XがYを経てある状態に至る関係にも適用される。

> **9** a. He became rich **through** hard work.
> 彼は一生懸命働いてお金持ちになった。
> b. He failed **through** laziness.
> 彼は怠けて失敗した。
> c. He lost his position **through** neglect of duty.
> 彼は職務怠慢で失業した。

9a は図3のように表せる。

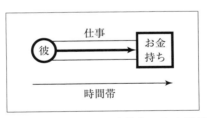

彼が仕事を通じてお金持ちになる関係

図3

次において，XはYを通じて何かをなす。

> **10** a. He educated himself **through** correspondence courses.
> 彼は通信講座を通じて教育を受けた。
> b. He presented his ideas **through** statistics.
> 彼は統計を通じて自分の考えを提示した。

c. He got knowledge of the country **through** the reports.
彼はその報告書を通じてその国に関する知識を得た。

次において，X は Y を介して何かをなす。

**11** a. The president speaks **through** an interpreter.
大統領は通訳を介して演説をする。
b. He got the job **through** a friend.
彼は友人を介して働き口を得た。

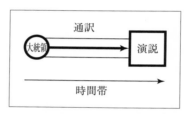

大統領が通訳を介して演説する関係

図4

## 1.4. 騒音

次において，X は騒音の中で話したり聞いたりする。

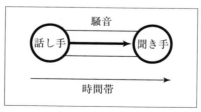

騒音を突き抜けて話が伝わる関係

図5

次の文では，騒音を突き抜けて話したり聞いたりする。

| 12 | a. | It was difficult to communicate with each other **through** the constant bangs and whistles of bombs. |
|---|---|---|
| | | 絶え間なく響く爆弾の音のせいで，話を交わすのが難しかった。 |
| | b. | I could hear the cry of a child **through** all the shouting and singing. |
| | | 私は叫び声と歌声の中から子どもの泣き声を聞くことができた。 |

## 1.5. 体

次の X **through** Y は泣き声や苦痛が体を通り抜ける関係を描写する。

| 13 | a. | The cry went **through** me. |
|---|---|---|
| | | 泣き声が私を貫いて通り過ぎた。 |
| | b. | A sudden stab of pain went **through** me. |
| | | 刺すような突然の痛みが私の体を突き抜けて通り過ぎた。 |

## 1.6. メトニミー的表現

次の文の thick と thin は，メトニミー的によいときと悪いときを表している。

| 14 | He remained faithful to his friend **through** thick and thin. |
|---|---|
| | よいときも悪いときも常に，彼は友だちに対して誠実だった。 |

## 1.7. 通過の結果状態

これまで X が Y を通過する過程を表す場合を見てきたが，**through** は X が Y を通過した結果状態も表す。図 6a は X が Y を通過する関係を，図 6b は X が Y を通過した後の関係を表す。

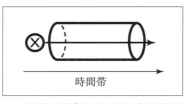

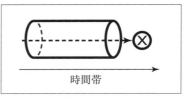

a. 通過の過程：X が Y を通過す
る関係

b. 通過の結果状態：X が Y を通
過した後の関係

図6

---

**15** | a. Tom is **through** his examination.
トムは試験をすべて終えた。
b. I will be **through** this work in a few minutes.
私は数分後にはこの仕事をすべて終わらせるだろう。
c. I am halfway **through** the book.
私はその本を半分ほど終えた。
d. We are **through** school at 3.
私たちは 3 時に学校が終わる。

次において，X は複数の個体であり，これらが Y 全体に広がっている。

---

**16** | a. I could see that tiny pieces of dust were scattered **through** the air.
私は小さなほこりの粒子が空気全体に広がっているのを見ることができた。
b. His relatives are scattered **through** the world.
彼の親戚は世界じゅうに散らばっている。

---

## 2. 副詞的用法

X **through** Y の Y がない場合，**through** は副詞である。

## 2.1. Y の推測

図 7a は前置詞 **through** である。図 7b は副詞 **through** であり，Y は点線で示されている。Y に言及しなくても文脈・状況・常識などから聞き手が推測できると話し手が判断すれば，Y は使われない。

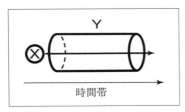

a. 前置詞          b. 副詞

図 7

### 2.1.1. 状況

次において，Y は状況から推測できる。ある男性が氷の上を歩いているときに氷が割れてその中に落ちるのを目撃したとする。そのような状況で次の文を発話した場合，その男性が落ちたところにわざわざ言及しなくても，氷の中であることが分かる。

| 17 | The man fell **through**. |
|---|---|
| | その男性が（氷の中に）落ちた。 |

### 2.1.2. 文脈

次において，Y は文脈から推測できる。

| 18 | a. | The stone hit the window, but did not go **through**. |
|---|---|---|
| | | 石は窓に当たったが，（窓を）突き破りはしなかった。 |
| | b. | The servant came to the door and showed us **through** into the hall. |
| | | 使用人がドアのところに来て，（ドアを通って）私たちをホールの中に案内した。 |

### 2.1.3. 常識

次において，Y は常識から推測できる。19a では最前線，19b では大学の課程，19c では工程である。

---

**19**

a. Our enemy have broken **through**.
私たちの敵が（最前線を）突破した。

b. He didn't have enough money to study at the university, but some kind friend saw him **through**.
彼は大学で勉強するほど十分なお金がなかったが，ある親切な友人が，（大学の課程を）終えるまで面倒を見てくれた。

c. Our factory is very efficient and everything that passes **through** is checked again and again.
私たちの工場は非常に能率的で，（工程を）経るすべては繰り返し検査される。

d. I pushed my way **through** and left the room.
私は（人々の間を）通り抜けて部屋を出ていった。

e. The sun broke **through**.
日の光が（雲を貫いて）差した。

f. The sun came **through** after days of rain.
何日か雨が降った後，太陽が出た。

g. Her sadness showed **through**.
彼女の悲しみが外ににじみ出て見えた。

---

## 2.2. 副詞 through の意味

### 2.2.1. 期間全体

次の文は，過程 X が一定の期間 Y が終わるまで続くことを表す。

---

**20**

a. It rained the night **through**.
夜じゅう雨が降った。

b. We had lovely weather all the winter **through**.
その年の冬はずっとよい天気だった。

---

## 2.2.2. 貫通

次の 2 つの文を見てみよう。

---

**21**
a. The arrow pierced **through** the target.
矢が的を貫いた。
b. The arrow pierced the target **through**.
矢が完全に的を突き抜けた。

---

21a では，the target が前置詞の目的語である。この場合，矢が的を貫くことを表すが，どこまで貫いたのかは分からない。一方，21b では，the target が動詞の目的語であり，**through** は副詞である。この場合，矢が完全に的を突き抜けたことを意味する。

次の 22a は彼が本を読み進めているという意味であり，22b は彼が本を最後まで読み終えたという意味である。

---

**22**
a. He read **through** the book.
彼はその本を読み進めていった。
b. He read the book **through**.
彼はその本を読み終えた。

---

## 2.2.3. 通話

次の文は，電話をかける人が電話を受ける人とつながることを表す。

---

**23**
a. A call came **through** asking for help.
助けを求める電話がかかってきた。
b. I tried to phone you, but I couldn't get **through**.
私はあなたに電話しようとしたが，つながらなかった。
c. I will phone **through** late this morning.
今日の午前遅くに電話する。
d. He put me **through** to a wrong number.
彼は私を間違った番号につないだ。

---

# 38  THROUGHOUT

**throughout** は前置詞および副詞として使われる。まず前置詞の用法から見よう。

## 1.  前置詞的用法

X **throughout** Y では，X が Y の全領域に広がっている関係を表す。この複合前置詞は，through と out が合わさってできたものである。through は移動体がある空間の一方から他方へ通過する関係を描写し，out はある空間全体を満たす関係を描写する。これを図で表すと，次のようになる。

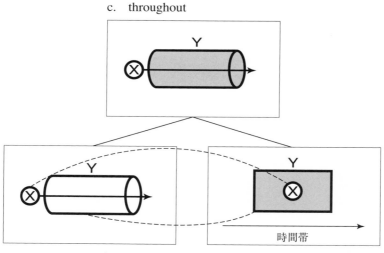

図 1

## 1.1.  空間

**through** と **throughout** はどちらも，空間的関係を表すのに使われる。次で，これら 2 つの前置詞の違いを見てみよう。

142

1
a. The fire spreads **through** the house.
火がその家を経て広がっている。
b. The fire spreads **throughout** the house.
火がその家じゅうに広がっている。

**through** が使われた 1a は，その家を経て火が広がっているという意味である。一方，**throughout** が使われた 1b は，その家じゅうに火が広がっているという意味である。

2
a. They sell their product **throughout** the world.
彼らは世界じゅうに彼らの製品を販売する。
b. The changes will be effective **throughout** the whole organization.
その変化は組織全体で進むだろう。
c. They are making changes **throughout** the company.
彼らは会社全体を変化させるだろう。

## 1.2. 時間

**through** と **throughout** はどちらも，時間的関係を表すのに使われる。次で，この 2 つの前置詞の違いを見てみよう。

3
a. It rained **through** the night.
夜じゅう雨が降った。
b. It rained **throughout** the night.
夜通し雨が降った。

3a では，夜の間に雨が降ったが，いつやんだのか分からない。しかし，3b では，夜が明けるまでずっと雨が降ったことを表す。

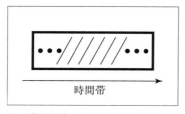

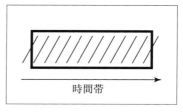

a.　through　　　　　　　　　　　b.　throughout

図 2

さらに次の例を見てみよう。

---

**4** a. The noise continued **throughout** the night.
　　　その騒音は夜通し続いた。
　　b. **Throughout** his whole life he has been used to hard work.
　　　彼は生涯，一生懸命働くことに慣れていた。
　　c. The discussion lasted **throughout** the week.
　　　その議論は１週間ずっと続いた。
　　d. He was gazing out the window **throughout** the meeting.
　　　その会議の間ずっと，彼は窓の外を凝視していた。
　　e. **Throughout** his life, his main concern has been with making money.
　　　生涯，彼の主な関心は，お金を稼ぐことにあった。

---

## 2.　副詞的用法

X **throughout** Y の Y がない場合，**throughout** は副詞である。Y が明示されていなくても文脈・状況などから推測できる。

## 2.1.　空間

暗示された Y は，5a では壁であり，5b ではその家である。

5 | a. | The wall was painted blue **throughout**.
壁全体が青で塗られた。
b. | The house is in excellent condition with a fitted carpet **throughout**.
その家はあつらえむきのカーペットが全体に敷かれていて，とてもよい状態にある。

## 2.2. 時間

暗示された Y は，6a では 2 時間であり，6b では 50 分である。

6 | a. | The concert lasted 2 hours and we had to stand **throughout**.
その公演は 2 時間続き，私たちは（2 時間）ずっと立っていなければならなかった。
b. | The discussion lasted 50 minutes, but he remained silent **throughout**.
その討論は 50 分続いたが，彼は（50 分）ずっと沈黙していた。

# 39 TO

to は前置詞および副詞として使われる。まず前置詞の用法から見てみよう。

## 1. 前置詞的用法

X to Y において、X は Y に向かう関係を表す。この関係は、空間関係、時間関係、その他の関係を表すのに使われる。

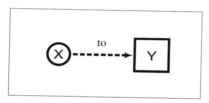

前置詞 to：X が Y に向かう関係

図 1

## 1.1. 空間関係

### 1.1.1. 移動動詞

次の文には移動動詞が使われており、to は移動体 X が Y に向かって動く関係を表す。

> **1**   a.   John walked **to** London.
>       ジョンはロンドンに歩いていった。
>    b.   The boy ran **to** me.
>       少年が私のところに駆けてきた。
>    c.   My friend moved **to** America.
>       私の友だちはアメリカへ引っ越した。

### 1.1.2. to の無冠詞目的語

次の例で、to の目的語は冠詞なしで使われている。この場合、名詞が指すのは

具体的な事物ではなくその名詞と関連のある機能である。

---

**2**　a.　Jim went **to** sea when he was 14.
　　　ジムは 14 歳のとき，船員になった。
　　b.　The cook has gone **to** market.
　　　料理人は仕入れに行っている。
　　c.　The army marched **to** battle.
　　　軍隊は戦いに向けて行進していった。
　　d.　The judge sent him **to** prison for two years.
　　　判事は彼を 2 年間の禁固刑とした。

---

### 1.1.3.　所有移動

例文 2 では文の主語が動く個体であるが，例文 3 では文の目的語が動く個体である。次の 2 つの文を見てみよう。

---

**3**　a.　She threw the ball **to** me.
　　　彼女はボールを私に投げた。
　　b.　He threw me the ball.
　　　彼は私にボールを投げた。

---

3a・3b は普通意味が同じものとして解釈される。しかし，実際には 2 つの文は意味が異なる。前置詞 **to** が使われた 3a ではボールが彼女から私に移る過程が強調され，前置詞 **to** が使われていない 3b ではボールが私に投げられて私がそのボールをすでに持っている結果状態が強調される。

　次の 2 つの文も，例文 3 と同様に解釈できる。

---

**4**　a.　He gave the book **to** me.
　　　彼はその本を私にくれた。
　　b.　He gave me the book.
　　　彼は私にその本をくれた。

---

### 1.1.4. コミュニケーション動詞

次の文にはコミュニケーション動詞が使われており，言葉 X が移動して聞き手 Y にたどり着くものとして表現される。これは，言葉がメタファー的に具体的な物体とみなされ，話し手から聞き手へ移動するものとして概念化されるためである。

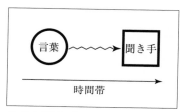

言葉が聞き手に届く関係

図2

---

**5** a. He will speak **to** you.
　　　彼はあなたに話すでしょう。
　　b. He explained that **to** me.
　　　彼は私にそれを説明した。
　　c. He said nothing **to** me.
　　　彼は私に何も話さなかった。
　　d. She has made several remarks about it **to** my wife.
　　　彼女はそれに関するいくつかの話を私の妻にした。
　　e. The mother sang **to** her baby.
　　　母親が赤ちゃんに歌を歌った。

---

### 1.1.5. 感覚

聴覚・視覚・注意などの感覚も，目標に向かって移動するものとして概念化される。

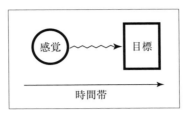

感覚が目標に行き着く関係

図3

---

| **6** | a. | Listen **to** me. |
|---|---|---|
| | | 私の話を聞きなさい。 |
| | b. | They always look **to** us for help. |
| | | 彼らはいつも助けを得るために私たちに視線を向ける（すなわち，私たちに期待する）。 |
| | c. | Pay attention **to** your teacher. |
| | | あなたの先生に注意を向けなさい。 |

## 1.1.6. 方向

次において，to は X が Y に向かう関係を表す。7a では彼の背が壁に向かい，7b では福島が東京の北にある。

| **7** | a. | He stood with his back **to** the wall. |
|---|---|---|
| | | 彼は背中を壁のほうに向けて立っていた。 |
| | b. | Fukushima lies **to** the north of Tokyo. |
| | | 福島は東京の北にある。 |

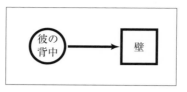

彼の背中が壁に向かう関係

図4

## 1.2. 時間関係

### 1.2.1. 時間の限界

時間には始まりと終わりがある。始まりは from で，終わりは **to** で表す。

---

**8** a. The curfew is from sunset **to** sunrise.
外出禁止令は日の入りから日の出までである。
b. We work from 6 **to** 10.
私たちは 6 時から 10 時まで働いている。
c. He was faithful **to** the last.
彼は最後まで誠実だった。

---

ある時点に予定された行事は別の時点に移すことができる。

---

**9** The party was postponed **to** April 17.
パーティーは 4 月 17 日に延期された。

---

例文 9 では，最初にパーティーが計画されていたのが 4 月 14 日だったとすると，
それが 4 月 17 日に移されたことを表している。

### 1.2.2. ある時点の前

次に使われた be 動詞は動きのない状態を表すので，X to Y において，X が Y
を眺める関係を表す。次の 10a は，15 分が 7 時に向かう関係である。

| 10 | a. | It is 15 **to** 7. |
|---|---|---|
| | | 7 時 15 分前である。 |
| | b. | At five minutes **to** five, we stopped work. |
| | | 5 時 5 分前に私たちは仕事を中断した。 |
| | c. | How long is it **to** dinner? |
| | | 夕食までどれくらいありますか。 |

## 1.3. その他の関係

### 1.3.1. 状態変化

次では，X が Y の状態に至る。

| 11 | a. | She sang the baby **to** sleep. |
|---|---|---|
| | | 彼女は歌を歌って赤ちゃんを眠らせた。 |
| | b. | The child was pulling our flowers **to** pieces. |
| | | その子どもは私たちの花をちぎってバラバラにしていた。 |
| | c. | The cake was burned **to** a cinder. |
| | | ケーキが燃えて灰になった。 |

11a では赤ちゃんが寝ていない状態から寝ている状態になったこと，11b では花が無傷の状態からバラバラにちぎられた状態になったこと，11c ではケーキが灰になったことを，**to** が表す。11a・11b は，次のような図で表すことができる。

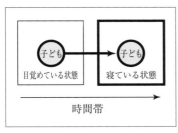
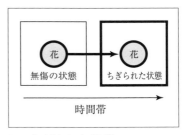

a. 寝ている状態　　　　　b. ちぎられた状態

図 5

X が変化する状態として，次のように，害，活気，滅亡，懲役などがある。

---

**12**
  a. You won't come **to** any harm.
     あなたは害を被らないだろう。
  b. The town comes **to** life.
     町に活気が戻ってきた。
  c. His habits brought him **to** ruin.
     彼の習慣が彼を滅亡に至らせた。
  d. He was sentenced **to** life imprisonment.
     彼は終身刑の宣告を受けた。

---

### 1.3.2. 過程の結果

例文 13・14 では，過程 X が結果 Y に至る。

---

**13**
  a. I have read the book **to** my profit.
     私はその本を読んで役に立った。
  b. I found him alive **to** my joy.
     私は彼が生きていることを知ってうれしかった。
  c. I met him in the store **to** my great surprise.
     私はその店で彼に会って非常に驚いた。

---

次において，**to** Y は文頭で使われている。

---

**14**
  a. **To** his despair, he discovered that there was no way out.
     絶望的にも，彼は出口がないことに気づいた。
  b. **To** my surprise, he failed the test.
     驚いたことに，彼は試験に落ちた。

---

### 1.3.3. 変化の限界

次では，X の変化が Y に至る。

| 15 | a. | The thermometer rose **to** 40 degrees here. |
|----|----|----|
| | | ここでは温度計が 40 度まで上がった。 |
| | b. | The children enjoyed their swim **to** the full. |
| | | 子どもたちは水泳を思いきり楽しんだ。 |
| | c. | They laughed **to** their heart's content. |
| | | 彼らは思いきり笑った。 |
| | d. | The room was hot **to** suffocation. |
| | | その部屋は窒息するほど暑かった。 |
| | e. | The dinner was cooked **to** perfection. |
| | | 夕食は完璧に料理された。 |
| | f. | The soldiers were killed **to** the last man. |
| | | 兵士たちは最後の 1 人まで殺された。 |

### 1.3.4. タイミング

X が Y に向かう関係は，X が Y に従って行動する関係を表すのにも使われる。

| 16 | a. | The team marched **to** the beat of the band. |
|----|----|----|
| | | そのチームはバンドのリズムに合わせて行進した。 |
| | b. | They danced **to** the music. |
| | | 彼らは音楽に合わせて踊った。 |
| | c. | It is fun to sing **to** the tape. |
| | | テープに合わせて歌うのは面白い。 |
| | d. | He woke up **to** the alarm. |
| | | 彼は目覚まし時計に合わせて起床した。 |

### 1.3.5. 比較関係

前置詞 **to** は比較関係を表すのにも使われる。17a では，線分 AB を線分 CD に
照らしてみて，それらが平行であることが分かる。

<table>
<tr><td>**17**</td><td>a.</td><td>Line AB is parallel **to** line CD.<br>線分 AB は線分 CD に対して平行である。</td></tr>
<tr><td></td><td>b.</td><td>Line AC is at right angles **to** line CD.<br>線分 AC は線分 CD に対して直角である。</td></tr>
</table>

17a と 17b の関係は図 6a と図 6b のように表される。

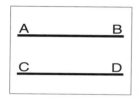
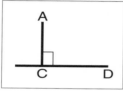
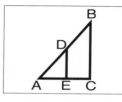

a. 平行　　　　　　b. 直角　　　　　　c. 比例

図 6

次の例も，上と似た関係を示す。例文 18a は図 6c のように表される。

<table>
<tr><td>**18**</td><td>a.</td><td>AB is **to** BC as AD is **to** DE.<br>BC に対する AB の関係は，DE に対する AD の関係と等しい。</td></tr>
<tr><td></td><td>b.</td><td>3 is **to** 4 as 6 is **to** 8.<br>4 に対する 3 の関係は 8 に対する 6 の関係と等しい（3：4 = 6：8）。</td></tr>
</table>

差異は，ある数を他の数と比べて計算される。

<table>
<tr><td>**19**</td><td>a.</td><td>They received 134 votes **to** 21.<br>彼らは，21 票に対して 134 票を得た。</td></tr>
<tr><td></td><td>b.</td><td>I won by six goals **to** three.<br>私は 6 対 3 で勝った。</td></tr>
</table>

## 1.3.6. 2点間の距離

2つの地点の間の距離は，ある地点から別の地点までの距離である。20a では from で示された地点である発話場所が基点になり，20b では話し手と聞き手が

ともに知っている地点が基点になる。

---

**20**
a. It is 10 miles from here **to** the river.
ここからその川まで 10 マイルある。
b. It is a long way **to** the village.
その村までは遠い道のりだ。
c. Our school is close/near **to** the park.
私たちの学校はその公園に近い。

---

### 1.3.7. 機能的な組み合わせ

X to Y は X が Y に向かう関係を表すが，X が Y から離れてはいるけれども Y の一部分である関係も表す。次の 3 つの表現はすべて，X が Y の部分であるという関係を表す。しかし，相違点もある。

---

**21**
Where is the knob (**of/on/to**) the radio?
ラジオのスイッチはどこですか。

---

例文 21 で **of** が使われると，the knob（X）が the radio（Y）の不可分の一部とみなされる。**on** が使われると，the knob（X）が the radio（Y）に付いている関係と解釈される。**to** が使われると，the knob（X）が the radio（Y）から離れてはいるけれどもその一部である関係を表す。

　例文 22 でも，X は Y から分離可能で互いに離れているけれども機能的な組み合わせを成す。

---

**22**
a. Here's the key **to** the lock.
ここにその錠の鍵があります。
b. I lost the belt **to** the dress.
私はそのドレスのベルトをなくしてしまった。
c. Close the door **to** the closet.
クローゼットの扉を閉めなさい。
d. Don't tear the cover **to** the book.
本の表紙を破るな。

---

e. The strap **to** my purse is broken.
私の財布のひもが切れた。

部分 X が全体 Y から離れてはいるが，X と Y が機能的な組み合わせを成す関係は，図 7 のように表せる。

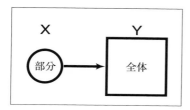

a. 部分 - 全体の機能的な組み合わせ    b. 鍵 - 錠の機能的な組み合わせ

図 7

次では，人と人が機能的な組み合わせを成す。

23 a. Jane is a servant **to** a rich old woman.
ジェーンはお金持ちの老婦人の使用人である。
b. She is secretary **to** the president.
彼女は大統領の秘書である。

次では，離れていた X（旗，ろうそく）が Y（旗竿，燭台）に行き着いて機能的な組み合わせを成す。

24 a. He tied the flag **to** the stick.
彼は旗竿に旗を取りつけた。
b. The candles were stuck **to** the candle holder.
ろうそくが燭台にくっついてしまった。

## 2.　主語 be 形容詞 to 目的語

この構造に使われる形容詞は主語 X が to の目的語 Y に対して持つ関係を表す。
25a では essential が水と生命の関係を明示し，25b では true が絵と実物の関係
を明示する。

---

**25** a. Water is essential **to** life.
　　　 水は生命にとって必須である。
　　 b. The picture is true **to** life.
　　　 その絵は実物に忠実だ。
　　 c. Crying is natural **to** a baby.
　　　 泣くのは赤ん坊にとって自然なことである。

---

次のような比較の構文にも **to** が使われる。前置詞 **to** は，ある 1 つの作品を別の
作品と比べる関係を表す。

---

**26** a. The work is inferior **to** yours.
　　　 その作品はあなたの作品より劣る。
　　 b. The translation is not equal **to** my expectation.
　　　 その翻訳は私の期待に及ばない。
　　 c. The result is not equal **to** my expectation.
　　　 その結果は私の期待どおりではない。

---

次において，主語は人であるが，メトニミー的に人の心を指す。この構造に使わ
れる形容詞は主語 X が目的語 Y に対して持つ態度を明示する。27a では彼女が
自分の子の過ちに対して持つ態度を blind が表し，27b では彼女が周囲の世界に
対して持つ態度を dead が表す。27c・27d でも，主語が他の物事に対して持つ
態度を形容詞が表す。

---

**27** a. She was blind **to** her child's fault.
　　　 彼女は自分の子の過ちに気づかなかった。
　　 b. She was dead **to** the world for several hours.

---

彼女は数時間，周囲の世界を意識できなかった。

  c.  The nurse is attentive **to** the patient's need.
その看護師は患者の要求に注意を傾ける。

  d.  I am quite alive **to** the problem you mentioned.
私はあなたが言っていた問題をよく知っている。

次においても，形容詞は主語 X が目的語 Y に対して持つ態度を表す。

---

**28**  a.  He was very good **to** us.
彼は私たちにとても親切だった。

      b.  She was cruel **to** the cat.
彼女はその猫に対して残忍だった。

      c.  The dog is loyal **to** its master.
その犬は主人に忠実だ。

---

## 3.　主語 be 名詞句 to 目的語

この構造に使われる be 動詞の後の名詞句は，主語 X が目的語 Y に対して持つ
関係を明示する。

---

**29**  a.  He is no trouble **to** us.
彼は私たちに何の迷惑もかけない。

      b.  They are a danger **to** all honest people.
彼らはすべての正直な人たちにとって危険な存在である。

---

次において，of 名詞句は主語 X の目的語 Y に対する関係を表す。

---

**30**  a.  It is of no concern **to** me.
それは私に何の関係もない。

      b.  It is of no consequence **to** him.
それは彼にとって重要でない。

---

## 4.　不定詞

**to** の後に名詞が使われれば**前置詞**，**to** の後に動詞が使われれば**不定詞**の標識として分類される。このことは，前置詞 **to** と不定詞の標識 **to** が互いに異なることを暗示する。しかし，実際はこの 2 つがまったく異なるわけではない。X to Y において，X は Y から離れているが，移動体 X が目標 Y に行き着く（図 8a 参照）。X **to** 動詞の X はまだ実現されていないある動作を眺める関係にある。これを絵で表すと，図 8b のようになる。

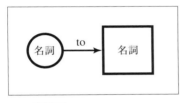

a.　前置詞 to

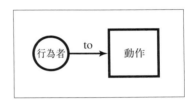

b.　不定詞標識 to

図 8

図 8b では，行為者が動作を眺める関係なので，動作はまだ実現されておらず，予定されているだけである。このような意味であるため，不定詞は want, intend, plan, expect のような動詞の目的語として使われる。これらの動詞は，実現されていないあることをしようとする意味を表す。

### 4.1.　意図

次の文で，**to** 不定詞はすべて，実現されていない過程を指す。

---

**31**　a.　John wants **to** go now.
　　　ジョンはいま行きたがっている。
　　b.　Sue intends **to** buy the car.
　　　スーは自動車を買うつもりである。
　　c.　He tried **to** stop the fight.
　　　彼はけんかを止めようとした。

---

## 4.2. 過程の予定・進行・阻止

次の 3 つの表現を比較してみると，**to** の意味がさらに明白になる。

| 32 | a. | He is **to** move. |
| --- | --- | --- |
| | | 彼は移動する予定である。 |
| | b. | He is **on** the move. |
| | | 彼は移動中である。 |
| | c. | They keep him **from** moving. |
| | | 彼らは彼を移動させないようにする。 |

32a では，行為者が動作を眺める関係にあり，予定を表す（図 9a 参照）。32b では，行為者が動作に付いており，行為者が動くものと解釈される（図 9b 参照）。32c では，行為者が動作から離れているか，動作に近づこうとしても近づけず，動作がなされない関係を表す（図 9c 参照）。

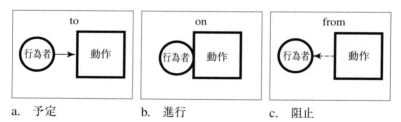

a. 予定　　　　　　b. 進行　　　　　　c. 阻止

図 9

## 4.3. 主語 be 形容詞 to 動詞

X to Y の関係を形容詞が表すのと同様，X **to** 動詞の関係も形容詞が表す。

| 33 | a. | Tom is happy **to** stay. |
| --- | --- | --- |
| | | トムは滞在することになって嬉しい。 |
| | b. | Mary is sorry **to** leave. |
| | | メアリーは出発することになって残念だ。 |

33a では滞在することに対するトムの感情を happy が表し，33b では出発することに対するメアリーの感情を sorry が表す。

## 4.4. 目的と結果

ときによって，不定詞は目的または結果を表す。この 2 つの概念だけを見ると，互いに相反する概念である。しかし，前置詞 **to** の意味に照らしてみると，X **to** Y を見る観点によって，この 2 つの概念は自然につながる。図 10a では X が Y から離れているため Y は目的となり，図 10b では X が Y に付いているため Y は結果となる。

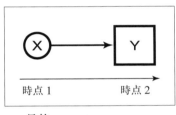

a. 目的      b. 結果

図 10

次の例を見てみよう。

| 34 | He left early **to** be on time. |
| --- | --- |
| | i. 彼は時間内に**到着するために**早く出かけた。 |
| | ii. 彼は早く出発して予定の時間に**着いた**。 |

例文 34 を図 10a に代入すれば目的の意味（34i）になり，図 10b に代入すれば結果の意味（34ii）になる。

次の文も見てみよう。

| 35 | He lived **to** be ninety. |
| --- | --- |
| | i. 彼は 90 歳に**なるために**生きた。 |
| | ii. 彼は生きて 90 歳に**なった**。 |

例文 35 も論理的には 35i と 35ii の 2 つの意味に解釈しうる。しかし，人がある年齢に達することを目標にして生きるのは普通でなく，生きているうちに結果的にある年齢に達するのが普通である。したがって，35i の解釈は自然ではない。

## 4.5. 原因と結果

次の文の **to** 不定詞は原因や結果を表す。

---

**36** | They are crazy **to** be on that tree.
i.　あの**木に登ろうとする**なんて，彼らは狂っている。
ii.　あの**木の上にいる**なんて，彼らは狂っている。

---

36i の解釈は，彼らが狂っていることが原因となって木に登ろうとしているというものである。一方，36ii の解釈は，彼らが狂っている結果として木に登っているというものである。

## 5. 他動詞と自動詞

動詞の中には，目的語を取る他動詞にもなり，前置詞 **to** と一緒に使われて自動詞にもなるものがある。次を見てみよう。

---

**37** | a.　The man confessed his crime.
　　　　その男は自分の犯罪を告白した。
b.　She confessed **to** the murder.
　　　　彼女は殺人を認めた。

---

37a で使われている直接目的語 his crime は，その男が直接話した内容である。37b で使われている **to** の目的語 the murder は，彼女が直接言ったのではなく，彼女が何かを自白した結果として殺人容疑が成立したのである。このような関係は，先に見た **to** の関係と同じものである。

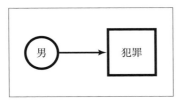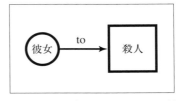

a.　告白：男が犯罪を告白する関係　　b.　是認：彼女が殺人を認める関係

図 11

次に示した例も，同じように理解できる。38a では他動詞が使われており，涙が悲しみを直接的に立証することを表す。38b では前置詞 **to** が使われており，成功した作品が間接的に彼女の能力を立証することを表す。

---

**38** | a.　Her tears testifies her griefs.
　　　　彼女の涙は彼女の悲しみを（直接的に）証明する。
　　| b.　Her successful work testifies **to** her ability.
　　　　彼女の成功した作品は，彼女の能力を（間接的に）証明する。

---

次でも，39a は視覚を通じた直接的な立証を，39b は言葉を通じた間接的な立証を表す。

---

**39** | a.　His pale look witnesses his fear.
　　　　彼の真っ青な顔は彼の恐怖を物語る。
　　| b.　She witnessed **to** the truth of what he had said.
　　　　彼女は彼の言ったことが真実であることを証言した。

---

## 6.　副詞的用法

次において，**to** は副詞として使われている。40a で，ドアを押せばドアが行き着くところは常識的に分かるので，**to** の目的語は明示されない。40b でも，トランクの蓋を下ろせばトランクの蓋が行き着くところは常識的に分かるので，**to** の目的語は明示されない。

<table>
<tr><td>40</td><td>a.</td><td>He pushed the door to.<br>彼はドアを（ドア枠に）押した。</td></tr>
<tr><td></td><td>b.</td><td>I can't get the lid of my trunk to.<br>私はトランクの蓋を（下に）下ろすことができない（すなわち，閉じることができない）。</td></tr>
</table>

例文 41 で省略された **to** の目的語は，ある人の意識である。

<table>
<tr><td>41</td><td>a.</td><td>When she came to, she found herself lying on the floor.<br>彼女が意識を取り戻したとき，自分が床に寝ていることに気づいた。</td></tr>
<tr><td></td><td>b.</td><td>To bring someone to after he has fainted, put his head lower than his feet.<br>誰かが気絶した後に意識を取り戻させるためには，頭を脚より低くしてください。</td></tr>
</table>

## 7.　他の前置詞との比較

**to** と **at** はどちらも目標を表すが，攻撃の目標になるときには at が使われる。

<table>
<tr><td>42</td><td>a.</td><td>He shouted to us.<br>彼は私たちに大声で何かを伝えようとした。</td></tr>
<tr><td></td><td>b.</td><td>He shouted at us.<br>彼は私たちを大声で叱った。</td></tr>
<tr><td></td><td>c.</td><td>The dog ran to us.<br>犬が私たちのところに駆けてきた。</td></tr>
<tr><td></td><td>d.</td><td>The dog ran at us.<br>犬が私たちに飛びかかってきた。</td></tr>
</table>

# 40 UNDER

under は前置詞および副詞として使われる。まず前置詞の用法から見てみよう。

## 1. 前置詞的用法

X under Y において，**under** は X が Y の下にあって Y より小さい関係を表す。X と Y は平面的または線的な関係にある。そして，この前置詞は静的関係と動的関係で使われる。

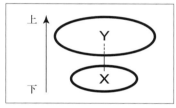 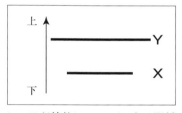

a. X が平面的に Y の下にある関係　　b. X が線的に Y の下にある関係

図 1

### 1.1. 静的関係

#### 1.1.1. 水平関係

次において，X は Y の下にある。つまり，X と Y は空間的に水平関係にある。そして，X は Y より小さい。1a では，猫はテーブルの下にいて，テーブルより小さい。1b では，少年たちはパラソルの下にいて，パラソルより小さい。

---

**1**　a.　The cat is lying **under** the table.
　　　猫がテーブルの下で寝そべっている。
　　b.　The boys are **under** the big umbrella in the garden.
　　　少年たちが庭にある大きなパラソルの下にいる。

---

> **2** a. We ate **under** the shade of a big tree.
> 　　私たちは大きな木の陰の下で食事をした。
> b. We lived **under** the same roof for several months.
> 　　私たちは同じ屋根の下で何か月か暮らした。

## 1.1.2. 水中・地中

次の例において，Y は水面や地面であり，X はこれらの下にある。

> **3** a. I often swim **under** water.
> 　　私はしばしば水中で泳ぐ。
> b. The duck is **under** the water.
> 　　アヒルが水中にいる。
> c. The animals live **under** the ground.
> 　　それらの動物は地中で暮らしている。

## 1.1.3. 潜伏・隠匿

X がそれより大きい Y の下にあることは，X が Y の下に隠れたり隠したりするという意味にも拡大される。

> **4** a. He hid **under** the straw until the guards had passed.
> 　　見張りたちがみな通り過ぎるまで，彼はわらの下に隠れた。
> b. He hid the knife **under** his blanket.
> 　　彼は毛布の下にナイフを隠した。
> c. The book is **under** that sheet.
> 　　その本はシーツの下にある。

## 1.1.4. 垂直関係

次においては，上のような水平関係ではないけれども，図 1a を時計回りに 90 度回転させると，図 2a のようになる。私たちが図 1a を **under** と認識するのと同じく，図 2a も **under** と認識できる。

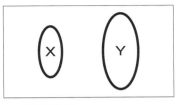

a. 垂直関係

b. 垂直関係

図2

次の例を見てみよう。5a で，彼は壁の真下ではなく壁の下のほうにいる。

---

**5** a. He sat **under** a wall.
   彼は壁の下に座った。
b. The village lies **under** a hill.
   その村は丘の下にある。

---

## 1.2. 抽象的意味

X がそれより大きい Y の下にあるという空間的な関係は，多様な抽象的関係を表すための基礎となる。

### 1.2.1. 数量

次において，**under** は X が Y より数量的に少ないことを表す。

---

**6** a. Henry is **under** 20.
   ヘンリーは 20 歳未満だ。
b. Jane is **under** the driving age.
   ジェーンは運転できる年齢に達していない。
c. The voters are **under** 1,000 in number.
   有権者数は 1 千名未満である。
d. The suit costs **under** 30 dollars.
   そのスーツの価格は 30 ドルに満たない。

---

### 1.2.2. 支配・統制

X がそれより大きい Y の下にある関係は，X が Y の支配や統制を受ける関係にも適用される。

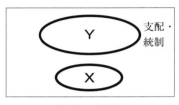

X が Y の支配・統制の下

図 3

| 7 | a. | Persia was not happy **under** Mongol. |
|---|---|---|

a. Persia was not happy **under** Mongol.
ペルシャはモンゴル族の支配下で幸せではなかった。
b. John is directly **under** the general manager.
ジョンは総支配人のすぐ下にいる。
c. **Under** Queen Elizabeth, England made progress in several important fields.
エリザベス女王の統治下で，イギリスはいくつかの重要分野で進歩した。
d. The university has grown **under** the new administration.
その大学は新しい運営体制下で成長した。

### 1.2.3. 自然環境

次において，X は日差し・雲・星のような自然環境（Y）の下にある。

8 a. We bathed **under** a hot sun.
私たちは熱い日差しの下で日光浴をした。
b. The journey started **under** dark, stormy clouds.
その旅は，暗くて暴風を伴う雲がかかったときに始まった。
c. They sat **under** the stars after dinner.
彼らは夕食の後，星明かりの下に座っていた。

#### 1.2.4.　困難・条件・影響
X は困難・条件・影響（Y）の下にあるものとして概念化される。

**9**
a. We work **under** great difficulties because of the climate.
私たちは，気候のせいで非常に難しい条件の下で働いている。
b. **Under** these conditions, it would be impossible to make any profit.
このような条件の下では，いかなる利益も得られないだろう。
c. **Under** the influence of excitement, he said more than he had intended.
興奮していたせいで，彼は意図していたより多くの話をした。

#### 1.2.5.　命令・義務・制約
次において，X は命令・義務・制約（Y）の下にあるものと解釈される。

**10**
a. The soldiers are **under** orders to leave next week.
その兵士たちは，来週出発せよという命令の下にある。
b. He was **under** an obligation to help us whenever we asked him.
彼は，私たちが望むときいつでも私たちを助けなければならないという義務の下にあった。
c. The ship was **under** quarantine for two weeks.
その船は，2 週間の停船期間の下にあった。

#### 1.2.6.　保護・教育
ある人（X）が他の人（Y）の保護や教育を受ける場合にも，X が Y の影響下にあるものと考えられる。

**11**
a. The children were put **under** the charge of a trained nurse.
その子どもたちは，よく訓練された看護師の責任の下に預けられた。
b. **Under** the guidance of the new teacher, the class soon showed marked improvement.

169

新しい先生の指導の下で，そのクラスはみるみる向上した。
c. I studied political science **under** Professor Schultz.
私はシュルツ教授の下で政治学を勉強した。

## 1.2.7. カテゴリー

分類において，カテゴリー（Y）は上にあり，その構成員（X）は下にあるものとして概念化される。

| 12 | a. | 'Went' is **under** the irregular past tenses. |
|---|---|---|

12 a. 'Went' is **under** the irregular past tenses.
went は不規則過去時制カテゴリーに属する。
b. Whales come **under** mammals, not **under** fish.
クジラは魚類ではなく哺乳類に属する。
c. Rabbits come **under** the head of rodents.
ウサギは齧歯類に属する。
d. Potatoes and carrots are listed **under** root vegetables.
ジャガイモとにんじんは根菜類にリストアップされる。

## 1.2.8. 過程

ある個体（X）がある過程（Y）の下にあるということは，ある個体（X）がある過程（Y）を経ているものとして概念化される。

13 a. An increase in pay is **under** consideration.
昇給が検討されている。
b. The terms **under** discussion are favorable to them.
議論されている条件は彼らにとって有利だ。
c. The building is **under** construction.
その建物は建築中である。
d. You can't go along this road. It is **under** repair.
この道は通れない。この道は補修中である。
e. My wife is **under** treatment for rheumatism.
私の妻はリウマチの治療を受けている。

f. He is **under** dental treatment.
彼は歯の治療を受けている。

## 1.3. 動的関係

動的関係では，図4のように，XがYの下へ移動する。

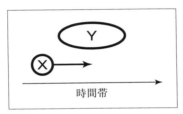

XがYの下へ移動する関係

図4

次の例で **under** は動的関係として使われている。

**14** a. Go **under** the stairs if you are afraid of bombs.
爆弾が怖かったら，階段の下へ行きなさい。
b. The baby birds went **under** the shadow of their mother's open wings.
ひなたちは親鳥が広げた翼の陰の下に入った。

## 2. 副詞的用法

次において， **under** は副詞として使われている。すなわち，X **under** Y の Y が表現されていない。図 5a は前置詞であり，図 5b は副詞である。

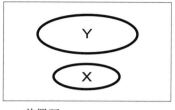

a. 前置詞

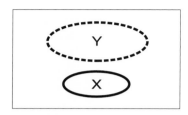

b. 副詞

図5

例文15では，**under** が副詞として使われている。Y は文脈・状況・常識から推測される。

---

**15** | a. The ship went **under**.
船が沈んだ。
b. How long can you stay **under**?
あなたは水中にどれくらいいることができますか。

---

船は普通水面の上に浮かんでいるので，15a の Y は水面と考えられる。15b の場合も，Y は水面と考えられる。

# 41 UNDERNEATH

**underneath** は前置詞および副詞として使われる。まず前置詞の用法から見てみよう。

## 1. 前置詞的用法

### 1.1. 水平的関係

前置詞 **underneath** は under と neath が合わさった複合前置詞である。X under Y において under は X が Y の下にあり Y より小さいことを表す（図 1a）。X neath Y において neath は X が Y の下に接していることを表す（図 1b）。under と neath は次のように統合される。

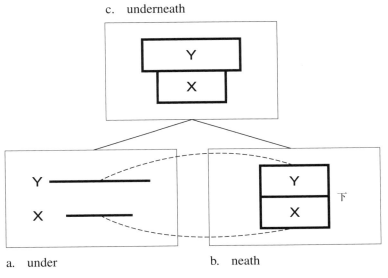

c. underneath

a. under          b. neath

図 1

図 1a の X と図 1b の X が対応し，図 1a の Y と図 1b の Y が対応する。対応線に沿って図 1b を図 1a に重ねると図 1c ができる。すなわち，X はそれより大きい Y の下に接している。

173

次の例を見てみよう。1a で，箱はベッドの真下にある。

---

**1** a. The box is **underneath** the bed.
その箱はベッドの下にある（そして，ベッドが箱より大きい）。
b. I keep a door key **underneath** the doormat.
私はドアの鍵をドアマットの下に保管している。
c. She hid the scratch **underneath** the tablecloth.
彼女はテーブルクロスの下にきずを隠した。
d. The dog buried the bone **underneath** some dirt.
犬が少しの土の下に骨を埋めた。

---

## 1.2. 垂直的関係

図 2b は図 2a を 90 度回転させたもので，これも **underneath** として認識される。

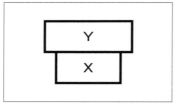 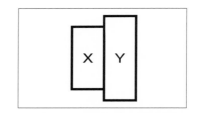

a. 水平：X が Y の下にある関係　　b. 垂直：X が Y の横にある関係

図 2

次の 2a で，保温ベストはコートの内側にある。

---

**2** a. In winter, he wears a thermal vest **underneath** his coat.
冬には，彼はコートの下に保温ベストを着ている。
b. **Underneath** his tough appearance, he is a warm-hearted person.
彼は荒々しい外見をしているが，実は心の温かい人である。

---

2b は次のような図で表すことができる。

荒々しい外見の下に温かい心がある関係

図 3

## 2. 副詞的用法

X underneath Y の Y がない場合，**underneath** は副詞である。図 4a は前置詞である。図 4b は副詞であり，Y は点線で表示されている。

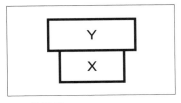

a. 前置詞

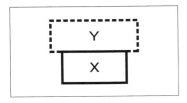

b. 副詞

図 4

---

**3**
a. The atmosphere of the office seems peaceful, but there are lots of politics **underneath**.
その事務所の雰囲気は平和に見えるが，（その下では）多くの駆け引きがある。
b. He got out of his car and looked **underneath**.
彼は車から出て（車の）下を見た。
c. She seems hot-tempered, but **underneath** she is calm.
彼女は短気に見えるが，実は落ち着いている。

3a・3b は図 5a・図 5b のように表すことができる。

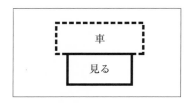

a.　Y: 文脈から把握される　　　b.　Y: 文脈から把握される

図 5


## 3.　他の前置詞との比較

### 3.1.　underneath と beneath

この 2 つの前置詞は次のような図で表すことができる。

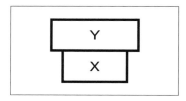

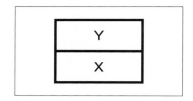

a.　underneath: Y が X の上にあ　　b.　beneath: Y が X の上にある
り，Y が X より大きい

図 6

X **underneath** Y の場合，Y が X の上にあり，Y が X より大きい。一方，X **beneath** Y の場合，Y が X の上にあるが，Y と X の大きさは問わない。

---

**4**　a.　It was so cold that I slept **underneath** three blankets.
　　　私はあまりにも寒くて，毛布を 3 枚かけて寝た。
　　b.　The ground **beneath** us is shaking.
　　　私たちの下の地面が揺れている。

---

## 3.2. underneath と under

上の２つの前置詞は次のような図で表せる。図 7a の **under** の場合，X と Y が離れている。一方，図 7b の **underneath** の場合，X と Y が接している。

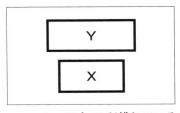
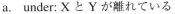
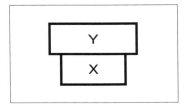

a. under: X と Y が離れている     b. underneath: X と Y が接している

図 7

---

**5** a. During the earthquake, they got **under** the table.
地震が続く間，彼らはテーブルの下にいた。
b. During the earthquake, they got **underneath** the table.
地震が続く間，彼らはテーブルの下に体を付けていた。

# 42 UNTIL

**until** は前置詞としてのみ使われる。

## 1. 前置詞的用法

X **until** Y において **until** は，ある状態・過程 X がある時点 Y まで持続すること
を表す。これを図で表すと，次のようになる。

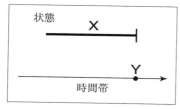

a. 状態の持続

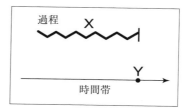

b. 過程の持続

図 1

図 1a では，状態が直線で表示されており，この状態が Y の時点まで続く。図
1b では，過程が曲線で表示されており，この過程が Y の時点まで続く。

## 1.1. 状態の持続

次の例文では，ある状態が Y の時点まで続く。

---

**1**

a. He was sick **until** last week.
   彼は先週まで病気だった。
b. She was poor **until** her marriage to the rich man.
   彼女はお金持ちの男性と結婚するまで貧しかった。
c. It was cold **until** March.
   3 月まで寒かった。

---

## 1.2. 過程の持続

次の例文では，ある過程が Y の時点まで続く。

> **2**
> a. We are staying in Korea **until** next week.
>    私たちは来週まで韓国にとどまるだろう。
> b. He worked **until** late last night.
>    彼は昨夜遅くまで働いた。
> c. The party went on **until** well after the midnight.
>    パーティーは深夜 12 時過ぎまで続いた。

## 2. until と否定語

否定語 no や not と **until** が一緒に使われると，**until** の指す時点まで何も起こらないことを表す。

図 2

> **3**
> a. There will be no holiday **until** December.
>    12 月まで休日がない。
> b. He went abroad to study a few years ago, and did not return **until** 2023.
>    彼は数年前に留学して 2023 年まで帰らなかった。
> c. Not **until** her husband's death, did she realize how happy she was.
>    夫が死ぬまで，彼女はどれだけ幸せだったか気づかなかった（すなわち，夫が死んだ後に気づいた）。

d. She did not come downstairs **until** 11 am.
   彼女は午前 11 時まで下の階に下りてこなかった。

## 3. until と時間表示

**until** はある時点（普通は発話時点やある基準時点）から Y の時点までの距離を表すので，この期間を表示することができる。

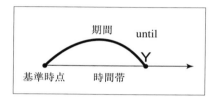

図 3

4 a. It was only one month **until** the exam.
   試験までちょうど 1 か月あった（すなわち，1 か月，残っていた）。
  b. There is barely one hour **until** the departure.
   出発までわずか 1 時間ある（すなわち，1 時間しか残っていない）。

# 43 UP

**up** は前置詞および副詞として使われる。まず前置詞の用法から見てみよう。

## 1. 前置詞的用法

### 1.1. 移動の過程

X **up** Y において，**up** は X が Y の低いところから高いところへ動く関係を表す。これを図で表すと，次のようになる。

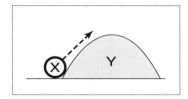

a. 下から上へ上る

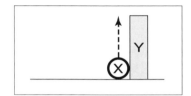

b. 下から上へ上る

図 1

図 1 では，時間が経つにつれて X が Y の低いところから高いところへ動くことを表す。ところで，この Y は山道のように傾斜がある場合もあり，立っている木のようにほぼ垂直の場合もあり，川のようにほぼ水平の場合もある。次の例文を見てみよう。この場合，Y は垂直に近い。

> **1** a. The boy climbed **up** the wall.
>   少年が壁の上へよじ登った。
> b. The fireman climbed **up** the chimney.
>   消防隊員が煙突の上へよじ登った。
> c. The squirrel hurried **up** a tree.
>   リスが急いで木の上へ上がっていった。

次において，Y は垂直ではなく傾斜がある。

**2**
a. She went **up** the stairs very carefully.
　彼女は非常に注意深く階段を上がっていった。
b. They walked **up** the slope.
　彼らは坂を上った。
c. He ran **up** the hill.
　彼は丘を駆け上がっていった。
d. The young man went **up** the ladder step by step.
　若者がはしごを1段ずつ登っていった。

次の例で，Y はほとんど水平である。

**3**
a. We rowed a long way **up** the river before dark.
　暗くなる前に，私たちは川上に向かって遠くまで船をこいでいった。
b. They are sailing **up** the Shinano River.
　彼らは信濃川を上っている。
c. They walked **up** the country.
　彼らは内陸のほうへ歩いていった。
d. He walked **up** the driveway to the front door.
　彼は車道に沿って正面玄関まで歩いて近づいていった。

3において，Y はほとんど水平だが上下がある。3a・3b では，川の流れの始まるほうが上であり，その反対側が下である。3c・3d では，慣習的に上下が決定される。3c の場合，陸のほうが海より高いため，X が海側から内陸側へと移動したという意味である。3d の場合，話し手のいるところまたは中心となるところが上とみなされる。

　1から3まで見てきた関係は，次のように表すことができる。これらの Y はまったく同じではないが，X が低いところから高いところへ移動するという共通点がある。

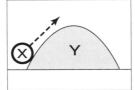
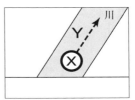

| a. 木に登る | b. 坂を上る | c. 川を上る |

図2

これまで見てきた例では，文の主語 X が上へ動くことを表していた。一方，次のように他動詞が使われた文では，他動詞の目的語 X が上へ動く。

---

**4**　a.　She carried the child **up** the ladder.
　　　彼女はその子どもを抱いてはしごを登っていった。
　　b.　They ran the flag **up** the pole.
　　　彼らは掲揚台の上に旗を掲げた。
　　c.　The cheetah took the prey **up** the tree.
　　　チーターが餌を持って木の上に上がっていった。

---

## 1.2.　移動の結果状態

次のような例は，X が Y の上に移動した結果状態を表す。

---

**5**　a.　The level of the river rose **up** the bank above the river and people were afraid that there might be a flood.
　　　川の水面が堤防の上まで上がり，人々は洪水になるのではないかと心配した。
　　b.　We were **up** the mountain after 3 hours' climbing.
　　　3 時間の山登りの後，私たちは頂上にいた。

---

## 1.3.　主観的移動

これまでの例では，X はすべて動く個体であった。次の例では，X は動かない

が，文は動きを表す。この場合，観察者の視線が Y に沿って動くことを表す。
次の例を見てみよう。

6

a. Rocks were sticking **up** the water in several places.
ところどころ岩が水面の上へ突き出ていた。

b. This highway goes **up** the river.
この高速道路は川を上っていく。

c. This road runs **up** the hill.
この道路は丘を上る。

d. John lives **up** the hill.
ジョンは丘の上に住んでいる。

e. Their house is farther **up** the road.
彼らの家はその道のもう少し上にある。

f. The island is **up** the current from us.
その島は私たちより川の上流にある。

g. Our dog can smell the deer now, because they are **up** wind
from us.
私たちの犬は，いま鹿たちの匂いをかぐことができるだろう。なぜ
なら，鹿たちは私たちより風上にいるからである。

h. The field stretches **up** the hill.
丘の上に畑が広がっている。

6c では，X（道路）は動かないが，動詞 run は動きを表し，観察者の視線が道路
に沿って丘の下から上へ移動する過程を描写する。6d では，ジョンの家の位置
を確認するためには，観察者の視線が丘の低いところから高いところへ移動しな
ければならない。6e も同様に考えられる。6f では川の流れが始まるところが上
であり，6g では風の始まるところが上である。これらは次のように図で表すこ
とができる。

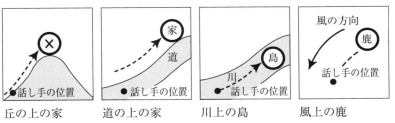

図 3

## 2. 副詞的用法

X **up** Y の Y がない場合，**up** は副詞である。図 4b では，Y が点線で表示されている。副詞 **up** は，以下の慣用的表現に示すとおり，多様な拡張的意味として使われる。

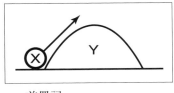

a. 前置詞

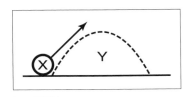

b. 副詞

図 4

## 3. 慣用的用法

### 3.1. 姿勢

私たちの身体と関連して **up** がどのように使われるか，まず見てみよう。次の例文は，頭や体の位置が高くなる関係を **up** が表す。

> **7** a. He sat **up** straight.
>   彼はまっすぐ座った。
> b. Libby got **up** at 6.
>   リビーは 6 時に起きた。
> c. She stood **up** when her friend came in.
>   友だちが入ってきたとき，彼女は立ち上がった。
> d. He lifted **up** his head.
>   彼は頭を上げた。
> e. He looked **up** and saw me for the first time.
>   彼は視線を上げて私を初めて見た。

7a・7b のように，横になっているか斜めになっている人がまっすぐ座ったり起き上がったりすれば，垂直線上でその人の頭が高くなる。7c のように，座っていた人が立ち上がるのも同様である。7d のように，下げていた頭を上げれば，やはり頭の高さが高くなる。7e では，視線が低いところから高いところへ移動する。上で見たいくつかの場合は，図 5 のように表すことができる。

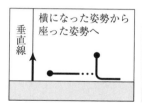  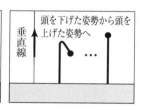

図 5

例文 7 で，X が動いた距離や高さはそれぞれ異なる。しかし，低いところから高いところへ動いたことは共通しており，これが **up** で表現される。

## 3.2. 上昇

次の例で，**up** はある個体が水面・地面の上に上がる関係を表す。

**8**
a. The sun came **up** at 7:30 this morning.
　今朝 7 時 30 分に日が昇った。
b. John dived into the water and came **up** for air after two minutes.
　ジョンは水に飛び込み，2 分後に息つぎのために上がってきた。
c. The wreckage of a wooden ship was dredged **up** from the harbor bottom.
　木船の残骸が港の底から引き上げられた。
d. The miners went **up** for a rest after two hours.
　鉱夫たちは，2 時間後に休息を取るために上がっていった。

　例文 8 の場合，すべて水面・地面の下にあったものが上のほうに上がっている。
　また，水面や地面にあったものがさらに高いところに動くときにも，**up** が使われる。

**9**
a. He cupped his hands and scooped **up** a little water.
　彼は手を丸めて水を少しすくった。
b. Pick **up** the pail on the ground.
　地面にある手桶を持ち上げなさい。
c. They rooted **up** the stumps.
　彼らはそれらの切り株を根こそぎ引き抜いた。
d. The rocket shot straight **up**.
　ロケットは速くまっすぐ上がっていった。
e. Everything in the factory went **up** in smoke.
　工場の中のすべてのものが煙の中に消えていった。

　次では，X が元の位置からもう少し上のほうへ動く関係を表す。

**10**
a. They climbed **up** to a higher branch on the tree.
　彼らはその木のさらに高い枝へよじ登った。
b. Can you lift that box **up** on the table?
　その箱をテーブルの上に上げていただけますか。

c. The skirt of this coat is badly cut. It rides **up** when I walk.
このコートの裾は裁断が間違っていて，私が歩くと上に上がる。

## 3.3. 建築

**up** は，地面の上に建物が建つ関係も表す。

**11** a. New universities went **up** at a fantastic rate in the 1970s.
1970 年代に新しい大学がすさまじい勢いでできた。
b. These were buildings put **up** during the period.
これらはその時期に建てられた建物であった。
c. He put **up** a fence around the garden.
彼は庭の周りに塀を作った。

例文 8～11 で見た **up** は，図 6 のように表すことができる。

 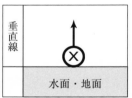 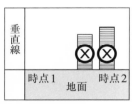

a. 水中・地中から上へ　b. 水面・地面から上へ　c. 建物が建つ

図 6

図 6a は水中・地中にあった X が上昇する関係で，図 6b は水面・地面にあった X がさらに上昇する関係である。また図 6c は，ある時点 1 では地面に何もないが，時間が経った別の時点 2 では建物が建っている関係である。

## 3.4. 創案・想像・決心

地面に建物を建てるのと同じように，心の中にも何かを立てることができる。次の例では，心の中に何かを立てておくという意味を **up** が表す。

| 12 | a. | He has to think **up** some more catchy names for the products.<br>彼はそれらの製品に合うさらに関心を引くいくつかの商品名を考え出さなければならない。 |
|---|---|---|
| | b. | The speaker's words conjured **up** a vision of a perfect world.<br>その講演者の話は完璧な世界の光景を思い描かせた。 |
| | c. | He made **up** his mind.<br>彼は彼の心を立てた（すなわち，彼は決心した）。 |

## 3.5. 増加

上で見た X **up** Y は，X が Y の低いところから高いところへ動く関係である。次に見る例では，**up** は X 自体の高さや体積が増加する関係を表す。

### 3.5.1. 蓄積・集積

| 13 | a. | We will have to lay **up** a good supply of food if this winter is going to be like that.<br>この冬がそんなにひどく寒いなら，私たちはたくさんの食糧を備蓄しておく必要がある。 |
|---|---|---|
| | b. | Seaweeds bank **up** along the water's edge.<br>水辺に沿って海草が土手のように積もっている。 |
| | c. | Perishable goods are piling **up** at the docks because of the strike.<br>ストライキのために，傷みやすい商品が埠頭に積まれたままになっている。 |
| | d. | Housewives began to stock **up** when a shortage of oranges were reported.<br>オレンジの不足が報道されると，主婦たちは買い占めを始めた。 |

例文 13 において，食糧・海草・商品などが重なればその高さが高くなる。**up** はこのような関係を表現する。これは図 7 のように表される。

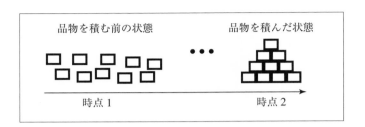

図7

### 3.5.2. 束・包み

散らばっているものを束ねたり包んだりする場合にも高さが上がる。

| 14 | a. | He bundled **up** the sheets for me. |
|----|----|----|
| | | 彼は私の代わりにシーツをくくってくれた。 |
| | b. | She bunched **up** the flowers. |
| | | 彼女は花を束にした。 |
| | c. | He parceled **up** the newspaper. |
| | | 彼は新聞を束にした。 |
| | d. | Tie the paint brushes **up** into bundles. |
| | | はけを縛って束にしなさい。 |
| | e. | I must do **up** some old clothes. |
| | | 私は古着をまとめて包まないといけない。 |

### 3.5.3. 膨張

上の例文では，複数の物体が重なって高さが高くなっていた。次の例文 15 は，1 つの個体の体積が大きくなって高さも高くなる例である。

| 15 | a. | Pump the tire **up** before going out on the road. |
|----|----|----|
| | | 道路を走る前に，タイヤに空気を入れなさい。 |
| | b. | I've got a flat tire and I'll have to find a garage and get it mended and blown **up**. |
| | | 自動車のタイヤがパンクしたので，整備工場を探して修理し，空気を入れなければならない。 |

c. He could feel his head puff **up**.
彼は自分の頭が腫れ上がるのを感じることができた。

### 3.5.4. 狭まり

散らばっていたものを集めれば，高さが高くなるだけでなく，個体同士の間隔が狭くなる。次の例で，**up** は間隔が狭くなる関係を表す。

**16**
a. The marching men had to close **up** to let the oncoming truck to go past.
前から来るトラックが通れるように，行進する人たちは間隔を狭めなければならなかった。

b. Round **up** the rest of the cattle.
散らばっている残りの牛たちを1か所に集めなさい。

c. I had to run to catch **up** with him.
私は彼に追いつくために走らなければならなかった（すなわち，私と彼の距離が狭まる）。

d. While I was waiting for a bus, a man came **up** to me.
私がバスを待っているとき，ある人が私に近づいてきた。

e. Please pull **up** to the car in front.
前の車の近くに停めてください。

### 3.6. 支え

次において，X は空中に浮かんだ状態や地面の上に立った状態から落ちたり倒れたりする傾向があるが，上に向かって支える外部の力によってその位置を保つことができる。このような場合にも **up** が使われる。例文 17a の場合，空中にある風船は落ちようとするが，空気によって浮かんでいる（図 8a 参照）。例文 17b の場合，リンゴの木が倒れようとするが，丈夫な板を当てることによってその場に立っている（図 8b 参照）。

**17** a. The balloon stayed **up** for several hours.
その風船は数時間浮かんでいた。
b. The gardener propped **up** the apple tree with a stout plank.
庭師はリンゴの木を丈夫な板で支えておいた。
c. They built a small house out of branches, and it stayed **up** for several months.
彼らは木の枝で小さな家を造ったが，その家は数か月間立っていた。
d. He was so drunk that he couldn't hold **up**.
彼は酔いすぎて，まっすぐ立っていることができなかった。

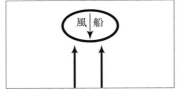

a.　上に向かって風船を支える関係　　b.　上に向かって木を支える関係

図8

## 3.7.　改善

次では，X は体や心の状態であり，これらがよくなることは上がるもの（**up**）として概念化される。すなわち，〈よいことは上，悪いことは下〉というメタファーが適用された表現である。

**18** a. When he heard that his mother was safe, he immediately cheered **up**.
母親が安全だということを聞いたとき，彼はすぐ元気になった。
b. The sea air will set you **up**.
海風があなたの気分を高めてくれるだろう（you はメトニミー的に心や気分を指す）。
c. You will soon pick **up** after a day or two in bed.
1日か2日ほど休めば，あなたはすぐに元気になるだろう。

d. He needs a meat diet and plenty of hard exercise to toughen him **up**.
彼がもっと強くなるためには，肉を食べて激しい運動をたくさんしなければならない。

e. The new paint will brighten **up** the house.
新しい塗装は家をもっと明るくしてくれるだろう。

f. His joke livened the meeting **up**.
彼の冗談が集会を活気づけてくれた。

g. This exercise will help to firm **up** the flappy thighs.
この運動は，たるんだ太ももを引きしめてくれるだろう。

## 3.8. 数量の増加

具体的な個体の数量が多くなれば高さが増すため，**up** は数量の増加にも拡大適用される。

19 a. Any increase in production costs is bound to send **up** prices.
生産原価のいかなる増加も，必ず価格を上昇させる。

b. Wage increases have pushed **up** the prices of electricity.
賃金の上昇が電気料金を押し上げた。

c. We will do what we can to stop prices shooting **up** still further.
価格がさらに上がるのを防ぐために，私たちはできることをすべてするつもりだ。

## 3.9. 速度・程度の増加

自動車の速度は通常数値で表され，速度が増加すれば数値が増加する。また，心の緊張も程度の増加として概念化される。このような関係も **up** で表現される。

| 20 | a. | This system is to speed **up** the work of the factory inspection. |
|---|---|---|
| | | このシステムは，工場の検査をスピードアップするためのものだ。 |
| | b. | He dislikes oral exams most of all. They always tense him **up**. |
| | | 彼は口述試験が最も嫌いだ。口述試験はいつも彼を（さらに）緊張 |
| | | させる。 |
| | c. | Those cornflakes have gone soft, but they will be all right if |
| | | you crisp them **up** in the oven. |
| | | コーンフレークが湿気ってしまった。でも，オーブンに入れてパリ |
| | | パリにしたら，よくなるだろう。 |

20a では速度，20b では緊張度，20c ではパリパリの度合いが増加することを，**up** が表す。

　ところで，面白いことに，速度や緊張の増加と反対方向にあたる速度や緊張の減少にも，次のように **up** が使われる。

| 21 | a. | The car began to slow **up**. |
|---|---|---|
| | | 自動車が速度を落としはじめた。 |
| | b. | He loosened **up** with a few exercises. |
| | | 彼はいくらかの運動で体をほぐした。 |

速度の減少を表すために，slow down はもちろん，slow **up** も使われる。速度の減少について，次のように考えてみよう。速度が時速 100 キロから時速 70 キロ，時速 50 キロへと減少する関係は，次のように表すことができる。図 9 をどのように見るかによって，down または **up** が使われる。

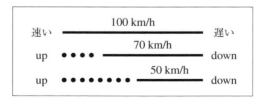

図 9

図 9 では，速度がだんだん落ちている。すなわち，実線（時速）が次第に短く

なっている。この部分に注目すれば slow down となる。反対に，点線（時速の減少分）は次第に長くなっている。この部分に注目すれば slow **up** となる。

## 3.10.　接近・拡大

ここでは，移動体が上昇しないにもかかわらず up が使われる場合を見てみよう。ある物体が観察者から遠く離れていれば小さく見える。しかし，これが近づくにつれて次第に大きく見えるようになる。これを図で表すと，次のようになる。

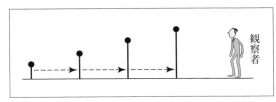

X が観察者に近づくにつれて大きく見える関係

図 10

移動体は平面上を移動するだけで実際の高さに変化はないが，観察者に近づくにつれて次第に大きく見えるようになるため，**up** で表現される。

　次の例文を見てみよう。

---

**22**　a.　He came **up** to me.
　　　　彼は私に近づいてきた。
　　b.　He pulled **up** his car within a few feet of the wreckage.
　　　　彼は残骸から数フィート以内に彼の車を寄せて停めた。
　　c.　A taxi drew **up** in front of the house.
　　　　1 台のタクシーが家の前に停まった。

---

**23**　a.　The child cuddled **up** to her mother.
　　　　その子どもは母親に近づいていって抱かれた。
　　b.　The baby animals snuggled **up** for warmth.
　　　　その動物の子たちは温もりを得るために互いに近く寄り添った。

---

c. Don't bother buttering **up** to me.
私にお世辞を言うな。
d. I met **up** with Rose.
私はローズと出会った。

22 と 23 に使われた **up** はすべて，移動体がある基準点に近づく関係を表す。遠く離れている 2 人が同じところに向かって動けば，互いに近づくにつれて相手が大きく見えるようになる（図 11 参照）。そのため，**up** が使われる。

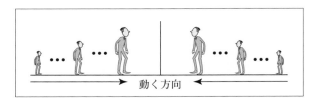

動く方向

図 11

2 つの個体の間の間隔が狭くなる関係は，両端がつながる関係にも適用される。

**24** a. There is a phone in our apartment, but it has not been connected **up** to the exchange yet.
私たちのマンションには電話があるが，まだ交換台につながっていない。
b. I can't match **up** the two parts of the picture.
私はその写真の 2 つの部分をくっつけることができない。
c. The edges of the wound are joining **up** nicely.
傷の両端がよくくっついている。
d. The two cells joined **up** and exchanged genes.
2 つの細胞が合わさって遺伝子を交換した。

次の例でも，**up** は 2 つの部分が接する関係を表す。

**25** a. The cut in his finger was sewn **up** with a piece of fine silk.
彼の指の切れたところは細い絹糸で縫いつけられた。

196

b. Within a few weeks, their feet healed **up** nicely.
数週間以内に，彼らの足はすっかり治った。

c. The table linen was neatly folded **up** and put away.
テーブルクロスはきれいにたたんで片づけられた。

d. Someone struck him hard in the stomach and the pain doubled him **up**.
誰かが彼の腹を強く打ち，苦痛のために彼は体をくの字に曲げた。

25a は開いた傷口を縫いつける例であり，25b も似た例と見ることができる。25c では，テーブルクロスが広がっているときは両端が離れているが，たたむと両端がくっつく。25d では，体を前に曲げたりかがめたりすることは，風呂敷を折りたたむことと似ている。まっすぐ立っていれば頭と足が離れているが，体を曲げたりかがめたりすると頭と足が近づく。

## 3.11. 可視化

遠くにあったものが近くに来たり，水中や地中にあったものが飛び出したり突き出たりすると，それらが目に見えるようになる。**up** はこのように見えなかったものが見えるようになる変化を表す。

26
a. She didn't show **up** at the party.
彼女はパーティーに現れなかった。

b. His purse eventually turned **up**.
彼の財布がついに見つかった。

c. In parts of Northern France, farmers still plough **up** shell fragments, weapons and equipment.
フランス北部の諸地方では，農夫たちがいまでも爆弾の破片，武器や器具を掘り出す（すなわち，掘り出せば見えるようになる）。

d. At times like these, the true character of the man shows **up**.
このような時期には，その人の本当の人格が現れる。

e. He looked **up** the word in the dictionary.
彼はその単語を辞典で引いてみた。

次の例文も，目に見えることと関連する。帳簿などに名前や事実を書き留めれば，目に見えるようになる。

---

**27** a. You ought to book **up** now.
　　あなたは帳簿に名前を上げなければならない（すなわち，予約をしなければならない）。
　　b. We notched **up** one or two rabbits in a day's shooting.
　　私たちは一日の狩りで1，2匹のウサギを捕まえたことを記録した。
　　c. The pilot logged **up** seven hundred hours flying time on jets.
　　その操縦士はジェット機で700時間の飛行時間を記録した。

---

複数の個体が集まった結果として，ある形状が現れて見えるようになる。次に使われた **up** は，複数の個体が集まって形状が現れることを表す。また，1つの個体でも形状が現れる場合もある。

---

**28** a. Our seven hundred animals lined **up** to drink.
　　私たちの700匹の動物が水を飲もうと列に並んだ。
　　b. The trucks lined **up** to move off.
　　それらのトラックは出発するために列に並んだ。
　　c. I've been coaching two long-jumpers for the next meeting and they are shaping **up**.
　　次の試合のために私は2名の走り幅飛び選手を訓練しており，彼らはしっかり育ちつつある。

---

## 3.12.　際立ち

物体が目の位置にあればよく見える。**up** はこのような関係を表す。

---

**29** a. We ought to put a notice **up** on the board.
　　私たちは掲示板にお知らせを貼り出さなければならない。
　　b. He nailed **up** a sign over the door which said: No Admission.
　　彼はドアの上に「立ち入り禁止」という表示を釘で打っておいた。
　　c. Pictures of pop stars were pinned **up** on Mary's bed.

---

人気歌手たちの写真がメアリーのベッドの上に（よく見えるように）ピンで止められていた。

d. He pasted **up** the caption to the illustration.
彼はイラストに説明文をつけた。

e. The price was posted **up**.
価格が告示された。

## 3.13. 意識の領域

私たちの頭の中の情報は，入力された順序も保存されるという。したがって，過去の記憶は引き上げなければ意識にのぼらない。**up** は記憶や情報が意識の中にのぼる関係を表す。

**30**
a. The sound of seagulls called **up** happy memories of his childhood holidays.
そのカモメの鳴き声が彼の幼いころの休日の楽しい思い出を呼び起こした。

b. His grandfather was a fine raconteur, dredging **up** quite effortlessly scenes of accidents from his early life.
彼の祖父は優れた話し手で，幼いころにあった事故の場面を難なく再現した。

何人かが集まって話や討論をするとき，ある参加者が話題を提示すればその話題は参加したすべての人の意識の中に入る。

**31**
a. His name came **up** whenever the matter of nuclear energy was discussed.
原子力問題が議論されるたびに，彼の名前が言及された。

b. Their names cropped **up** during the conversation.
対話の途中で突然，彼らの名前が言及された。

c. I bring this story **up** only to compare my experience with his.
私の経験と彼の経験を比較するためだけに私はこの話を持ち出す。

31a・31b では主語の指す対象，31c では目的語の指す対象が意識にのぼること
を，**up** が表す。

　手で物体を持ち上げることができるように，心や精神の活動においても情報や
知識を頭の中で持ち上げることができる。

---

**32** a. I knew nothing of the subject, but I could read **up** enough to
pass a simple test.
私はそのテーマについてまったく知らなかったが，簡単な試験に合
格できる程度の情報を十分に読んで頭の中に入れることができた。
b. I am mugging **up** on my medicine.
私は自分の飲んでいる薬に関する知識をやたらに（頭に）詰め込ん
でいる。
c. He is cramming **up** on Korean history.
彼は韓国の歴史を一夜漬けで勉強している。

---

### 3.14.　活動領域

人は普通，寝そべったり座ったりしているときは活動をせず，活動をするために
は立ち上がる。そして，道具を使うためにはそれを持ち上げなければならない。
このような生活経験から，**up** は活動領域を表すのにも使われる。

---

**33** a. He started **up** the engine.
彼がエンジンをかけた。
b. He took **up** medicine.
彼は医学を勉強した。
c. He has picked **up** some Korean.
彼は若干の韓国語を習得した。

---

33a では主語の活動領域がエンジンの活動状態にあること，33b・33c では主語
の活動領域が医学と韓国語の勉強にあることを **up** が表す。

### 3.15. 非活動領域

人が立っている姿勢における活動領域については，次のように分けてみることができる。地面と近いところは非活動領域（図 12a 参照），その上は自由に手を動かせる活動領域（図 12b 参照），頭の上は手を思いどおりに使えない非活動領域である（図 12c 参照）。

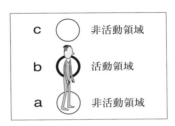

図 12

私たちは使わない品物をどこかに載せておくときがある。図 12 において，c はこのような領域を表す。すなわち，c 領域はあまり使用・活用されない非活動領域である。次の例を見てみよう。

---

**34**
a. She gave **up** her gay life.
   彼女は放蕩な生活をやめた。
b. A bout of malaria laid me **up**.
   マラリアのために私は寝込んでしまった。
c. She had planned to do a management course, but since then she had thrown it **up**.
   彼女は経営学講座を選択しようと計画したが，その後，彼女はその考えをやめてしまった。
d. Never pass **up** a chance to improve your English.
   あなたの英語を上達させる機会を逃さないでください。

---

続けていたことをやめる場合には，上に載せておく方法もあり，下に下ろしておく方法もある。ところで，上のように **up** が使われるのは，行為者より強いある力に勝てない場合である。34a では周囲の批判がこのような力として作用した可

201

能性がある。34bではマラリアの威力に勝てず寝込んでしまい，34cでは彼女が抗えないある力のために勉強をやめてしまったと考えられる。

## 3.16. 散乱

沈んでいるかすをかき混ぜると，水の中に浮かんで散乱して漂う。積もったほこりをはたくと，空中に浮かんで散乱して漂う。**up** はこのような散乱状態も表す。このような状態になるのは，具体的な個体の場合もあり，抽象的な存在の場合もある。

| 35 | a. | Take the whites of several eggs and whisk them **up**. |
|---|---|---|
| | | いくつかの玉子の白身を取り出して泡立てなさい。 |
| | b. | Whip **up** the eggs and flour to a consistency of smooth paste. |
| | | 玉子と小麦粉をかき混ぜて，なめらかな生地にしなさい。 |
| | c. | The wheels churned **up** the mud in the road. |
| | | 自動車の車輪が道の泥をはねた。 |

髪がもつれたり複数の個体が入り乱れて混沌とした状態になったりすることも，**up** で表現される。

| 36 | a. | The child mussed **up** my hair. |
|---|---|---|
| | | その子どもが私の髪をくしゃくしゃにした。 |
| | b. | The stamps were muddled **up** in a drawer. |
| | | それらの切手が引き出しの中でごちゃごちゃになっている。 |
| | c. | Don't jumble **up** your ties and socks. |
| | | あなたのネクタイと靴下をごちゃごちゃにしないでね。 |

もつれたりごちゃごちゃになったりするのは具体的な個体だけではない。ある出来事や過程もそのようになりうる。

| 37 | a. | When everything was going smoothly, he stepped in and fouled things **up**. |
|---|---|---|
| | | すべてがうまくいっていたのに，彼が介入して事を台無しにした。 |

b. The weather really mucked **up** our weekend.
天気のせいで，私たちの週末が本当にめちゃくちゃになった。

c. He is always stirring **up** trouble among the workers.
彼はいつも労働者たちの間で騒ぎを起こしている。

また，**up** は何かを混同する関係も表す。

**38** a. He is forever mixing me **up** with my brother.
彼はいつも私を私の弟と混同している。

b. I have mixed **up** the two events.
私はその 2 つの出来事を混同してきた。

## 3.17. 上下関係

人と人の間にも目に見えない社会的な上下関係があり，立場が下の人が立場が上
の人のために何かをすることがある。このような関係も **up** が表す。

**39** a. I must pay **up** without argument.
私は抗議しないで無条件に支払わなければならない。

b. I'll leave that entirely **up** to you.
私はそれをすべてあなたに任せます。

c. It is polite to yield **up** your seat on the bus to an old person.
バスで老人に席を譲るのは礼儀正しいことである。

d. The citizens had to deliver **up** their town to the conqueror.
住民たちは彼らの町を征服者に明け渡さなければならなかった。

## 3.18. up の限界

これまで見てきた **up** には定められた限界がなかった。言い換えると，どの程度
まで上がらなければならないかに関する規定が **up** 自体にはない。少しだけ上
がってもかなり上がっても **up** で表現する。一方，限界のある場合もある。前置

詞 to, on, against などでこの限界が示される場合もあり，過程自体に限界がある
場合もある。

### 3.18.1. 前置詞で示される限界

次では，X が上に向かって動く限界が前置詞 to で表現されている。

| **40** | a. | His work in math needs to be brought **up** to the standard of others.<br>彼の数学の成績は他の人の標準程度にまで上げる必要がある。 |
| | b. | For one reason or another their holiday in France did not come **up** to their expectations.<br>彼らがフランスで過ごした休日は，さまざまな理由で彼らの期待に及ばなかった。 |
| | c. | He does not measure **up** to our standard.<br>彼は私たちの標準に及ばない。 |
| | d. | You do not match **up** to the requirements.<br>あなたは必要事項を満たしていません。 |

次において，X が達する目標は瞬間，結論，数値，水準などである。

| **41** | a. | Every event in his life led **up** to that moment.<br>彼の人生において起こったすべての出来事はその瞬間につながった。 |
| | b. | Your evidence really adds **up** to this clear conclusion.<br>あなたの証拠はまさにこの明らかな結論を導く。 |
| | c. | The leakage did not add **up** to this figure.<br>漏水はこの数値に達しなかった。 |
| | d. | The army has been built **up** to its wartime strength.<br>軍隊は戦時における軍事力の水準に補強された。 |
| | e. | George feels **up** to opening the present.<br>ジョージはプレゼントを開けてみるほど気分がよい。 |

### 3.18.2. 過程自体の限界

次に，過程自体に限界がある場合を見てみよう。空のコップに水を注ぐとき，コップに入る水は次第に上がっていき，縁まで達するとそれ以上は上がらない。この縁がコップに水を注ぐ過程の限界である。この過程から，停止と限界の概念を引き出すことができる。

時間帯

時間が経つにつれてコップが満ちる関係

図13

まず，次において，**up** は停止状態を表す。つまり，図 13 の最後の段階，水面が縁まで達してそれ以上は上がらない状態を意味する。

---

**42**
a. The snow is holding the cars **up**.
　雪がそれらの車を動けなくしている。
b. The whole thing was held **up** half an hour.
　30 分間，すべてが停止された。
c. We were caught **up** in traffic.
　私たちは交通渋滞に巻き込まれて立ち往生した。

---

次の例では，**up** が過程の限界点に達する関係を表す。

---

**43**
a. Fill her **up**.
　満タンにしてください（男性は自分の車を女性とみなす）。
b. Can I top that drink **up**?
　盃を満たしましょうか。
c. The chimney is all choked **up** with soot.
　煙突が煤で詰まった。

---

    d. When the central heating system was installed, the fireplace was walled **up**.
       中央暖房設備が設置されたとき，暖炉は壁でふさがれた。

例文43では，ガソリンタンク，盃，煙突，暖炉などの内側に何かが入っていっぱいになることを表している。しかし，限界点が必ずしも垂直線上になければならないわけではない。

次のような非プロトタイプ的な関係では，限界点が地面・水面の上にある場合もある。

**44**
    a. The drains are all choked **up** with leaves.
       下水溝が木の葉で詰まっている。
    b. The outlet pipe had become clogged **up** with kitchen waste.
       排水管が生ゴミで詰まった。
    c. Several cars piled **up** after ignoring the fog warning on the highway.
       濃霧警報を無視したために，高速道路で何台かの車が立ち往生していた。
    d. The pipe is blocked **up** again.
       排水管がまた詰まっている。
    e. The local people dammed **up** the river to make a lake for their water supply.
       水を供給する湖を造るために，地域住民は川をダムでせきとめた。
    f. The traffic was snarled **up** due to riots.
       暴動のために交通が完全に混乱していた。

下水溝が詰まるとき，沈殿物が下水溝の下から上へたまる場合もあり，ほとんど水平の下水溝の一方から次第に詰まる場合もある。前者の場合は，コップに水を注ぐときと同様である。一方，後者の場合は，道路のある一部が車で埋め尽くされる場合と同様である。これを図で表すと，次のようになる。

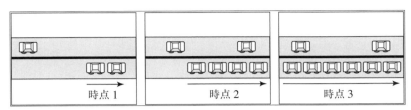

図 14

空間を満たす過程と反対に，空間を空ける過程もある。コップの水を減らしていけば，水の高さは次第に下がって空になる。これも過程の限界である。

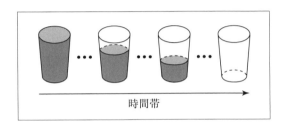

図 15

次の例を見てみよう。

| 45 | a. | Drink **up** your milk, or you won't go out and play. |
|---|---|---|
| | | 牛乳を全部飲みなさい。そうしないと外で遊べないよ。 |
| | b. | One speculator bought **up** all the land for miles around. |
| | | ある投機家がその周囲数マイル以内のすべての土地を買い入れた。 |
| | c. | The rabbit ate all the carrots **up**. |
| | | そのウサギがすべてのにんじんを食べ尽くしてしまった。 |

## 3.19. up と動詞の種類

### 3.19.1. 開閉

次の 46a では単純動詞 close が，46b では句動詞 close **up** が使われている。

> **46** a. He closed the door.
> 　　　彼はドアを閉めた。
> 　　b. He closed the door **up**.
> 　　　彼はドアをしっかりと閉めた（すなわち，ドアが閉まっている）。

単純動詞 close が使われた 46a は，彼がドアを閉める行動をしたことのみ表す。しかし，句動詞 close **up** が使われた 46b は，ドアを閉めた後に閉まっている結果状態をも表す。

　また，単純動詞 open が使われた 47a は，主語がドアを開ける行動をしたことのみ表す。しかし，句動詞 open **up** が使われた 47b は，ドアを開けた後にドアが開いている結果状態をも表す。

> **47** a. He opened the door.
> 　　　彼はドアを開けた。
> 　　b. He opened the door **up**.
> 　　　彼はドアを開け放した（すなわち，ドアが開いている）。

### 3.19.2. 包装・被覆
ある個体の表面を残さず包んだり覆ったりする結果も **up** で表す。

> **48** a. Mother wrapped **up** Christmas presents.
> 　　　母親がクリスマスプレゼントをラッピングした。
> 　　b. He had packed **up** the few possessions he had and moved out.
> 　　　彼は自分の持ち物をいくつか包んで家を出ていった。
> 　　c. She covered the baby's feet **up**.
> 　　　彼女は赤ちゃんの足を完全に覆った。
> 　　d. The nurse bandaged **up** the cut.
> 　　　看護師が傷全体を包帯で巻いた。

### 3.19.3.　切断・破壊

個体を切ったり壊したりすれば，元の個体がばらばらになる。**up** はこのような関係も表す。

---

**49** a. This furniture is so old that you might as well chop it **up** for firewood.

この家具は古すぎるから，斧で小さく切って薪として使うのがよい。

b. The ship went aground and began to break **up**.

船が座礁してばらばらになりはじめた。

c. I'm afraid I've torn the receipt **up**.

私は領収書をばらばらにちぎってしまったのですが。

d. The root ginger should be crushed **up** before it is added to the dish.

ショウガは料理に入れる前につぶさなければならない。

e. One of the ships blew **up** and sank.

それらの船のうちの１つが爆破されて沈んだ。

---

個体が複数あり，それらすべてに影響を与える場合にも，**up** が使われる。次は，そのような例である。

---

**50** a. They sealed **up** the cracks in the window to stop the icy wind from blowing in.

冷たい風が入るのを防ぐために，彼らは窓の隙間をすべてふさいだ。

b. It is dangerous to cork **up** these bottles while the wine is still fermenting.

ワインがまだ発酵しているときにこれらの瓶をコルクでふさぐのは危険だ。

---

### 3.19.4.　掃除・整理

次の例文では，洗ったり拭いたり掃いたりする動詞が使われている。**up** がこれらの動詞と一緒に使われると，それぞれの過程の結果を表す。

| 51 | a. | I wish you'd clean **up** your mess after you've been repairing your bike. |
|----|----|----|
| | | 自転車を修理した後に，散らかしたものを全部片づけてほしいです。 |
| | b. | We can't go until all the litter has been cleared **up**. |
| | | すべてのゴミが完全に片づくまで，私たちは行くことができない。 |
| | c. | Don't leave me to sweep **up** after the party. |
| | | パーティーが終わった後，私1人に掃き掃除させないでください。 |
| | d. | After supper we would wash **up** and sit by the fire. |
| | | 夕食を食べた後，私たちは（皿を）全部洗って，暖炉のそばに座ったものだった。 |
| | e. | Don't bother to wipe **up** the dishes; stack them up on the draining board. |
| | | 皿を全部拭かなくていいです。水切り台にそのまま重ねておいてください。 |

### 3.19.5. 束縛・幽閉

次の例文では，閉じ込めることを表す動詞が使われている。これらの動詞と **up** が一緒に使われると，主語が完全に閉じ込められた状態になることを表す。

| 52 | a. | These islanders have been boxed **up** for years. |
|----|----|----|
| | | この島の人たちは，何年も島に完全に閉じ込められて暮らしている。 |
| | b. | I won't stay cooped **up** all day in the room. |
| | | 私は一日じゅう部屋に閉じこもっているつもりはない。 |
| | c. | The wild lion was caged **up**. |
| | | 野生のライオンがおりに閉じ込められた。 |
| | d. | John shut himself **up** in a room. |
| | | ジョンは部屋から一歩も出なかった。 |

# 44 UP UNTIL

**up until** は until/till と意味的に大きな違いはないが，up が until の期間を強調する。up には基準点に近づくと同時に大きくなるという意味がある。人や物体が遠いところからある基準点に近づけば，その動く人や物体は基準点に近づくにつれて大きく見える。この接近の意味ゆえに until までの期間が強調されるのである。これを図で表すと，次のようになる。

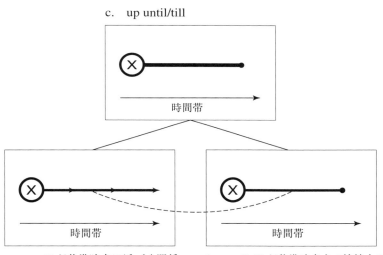

c. up until/till

時間帯

a. up: X が基準時点に近づく関係　　b. until: X が基準時点まで持続する関係

図1

次の例を見てみよう。

---

**1**　a.　**Up until** now, I have never heard about the accident.
これまで私はその事故について聞いたことがない。

b.　The tradition continued **up until** the Korean War.
その伝統は朝鮮戦争まで続いた。

---

211

# 45 WITH

with は前置詞としてのみ使われる。

　with は，X と Y が同じ場所にあるという意味で，ある状況に関わる人や個体を導入する。これは次のように図で表すことができる。X と Y は所与の状況で相互作用する。

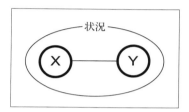

図 1

## 1. 前置詞的用法

### 1.1. 一緒

次において，X は Y と同じ場所にあるか，またはどこかへ一緒に移動する。

---

**1** | a. She still lives **with** her parents.
　　彼女はいまでも親と一緒に住んでいる。
b. I went to the cinema **with** my mother.
　　私は母と一緒に映画館に行った。
c. We are going to spend the day **with** friends.
　　私たちはその日，友人たちと一緒に過ごすつもりである。
d. He mixed **with** the crowd.
　　彼は群衆に混じった。
e. I can't keep up **with** you.
　　私はあなたと同じ水準を維持することができない。

---

## 1.2. 道具・材料

次の X **with** Y において，X は過程であり，Y は X で使用される道具や材料である。この Y も X と一緒にあるものと考えられる。

---

**2** a. We cook **with** gas.
私たちはガスで調理する。
b. Johnny is playing **with** his toy cars.
ジョニーは彼のおもちゃの自動車で遊んでいる。
c. We covered her **with** a blanket.
私たちは彼女を毛布で覆った。

---

**3** a. You can clean these shoes **with** soap and water.
あなたはこれらの靴を石鹸と水で洗うことができる。
b. He put the two pieces together **with** glue.
彼はその 2 つのかけらをのりで付けた。

---

## 1.3. けんか・争い

次の例文のようなけんかや争いの状況には，少なくとも 2 人が必要である。

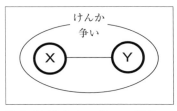

X と Y: けんか・争いの相手

図 2

次の例を見てみよう。

| **4** | a. | John's always fighting **with** other boys. |
|---|---|---|
| | | ジョンはいつも他の子どもたちとけんかをしている。 |
| | b. | She is battling **with** her cold. |
| | | 彼女は風邪と闘っている。 |
| | c. | He is having a game **with** her. |
| | | 彼は彼女と一緒にゲームをしている。 |

## 1.4. 比較・対照

次の例文のような比較や対照の状況には，少なくとも2つの個体が必要である。

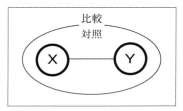

X と Y：比較・対照の相手

図3

次の例を見てみよう。

| **5** | a. | What he has just said conflicts **with** what he told us yesterday. |
|---|---|---|
| | | 彼がいま言ったことは，彼が昨日私たちに言ったことと異なる。 |
| | b. | Her calculation disagrees **with** mine. |
| | | 彼女の計算は私の計算と一致しない。 |
| | c. | He ranks **with** the best poets in this country. |
| | | 彼はこの国で最高の詩人たちと肩を並べる。 |
| | d. | His wild behavior contrasts **with** his kind word. |
| | | 彼の荒っぽい行動は彼の親切な言葉とは対照的だ。 |

## 1.5. 同時の変化

次の例では X と Y が同時に変化する。

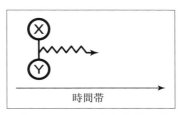

X と Y が同時に変化する関係

図 4

---

**6**  a. The rates of payment vary **with** the season.
支払い率は季節によって変わる。
   b. The probability of error diminishes **with** the size of the ma-chine.
エラーの確率は機械の大きさに応じて小さくなる。
   c. The wine improves **with** time.
ワインは時間が経つにつれておいしくなる。
   d. **With** age, driving gets hard.
年を取るにつれて運転が難しくなる。
   e. He went **with** the flow.
彼は流れとともに行った（すなわち，時流に乗った）。

---

6a は，季節（Y）が変わることで支払い率（X）も変わるという意味である。6b は，機械の大きさ（Y）に応じてエラーの確率（X）が小さくなるという意味である。6c でも，時間（Y）が経つにつれてワイン（X）がおいしくなると解釈される。

次の X **with** Y においても，X は Y と同時に起きる。

---

**7**  a. **With** his death, the family came to an end.
彼の死とともに，その家門は終わった。

---

b.　**With** every step, we drew nearer to danger.
　　　　1歩1歩，私たちは危険に近づいた。
　　c.　Suddenly another policeman appeared, and **with** that the thief
　　　　gave up.
　　　　突然もう1名の警察が現れるや，泥棒は観念した。

## 1.6.　随伴・付随

次において，X は過程であり，Y は過程に伴う結果・目的・条件などである。
この場合も，X と Y がともにあるものと考えられる。

**8**　a.　We missed our train **with** the result that we were late for work.
　　　　私たちは列車に乗り遅れたために遅刻した。
　　b.　They met several times **with** a view to marriage.
　　　　彼らは結婚を前提に何度か会った。
　　c.　I agree to your plan, **with** the proviso that I shall be informed
　　　　of progress at regular intervals.
　　　　定期的に経過報告を受けるという条件付きで，私はあなたの計画に
　　　　同意する。

次でも，X は過程であり，Y は過程に伴う心や体の状態である。

**9**　a.　I agree **with** all my heart.
　　　　私は心から同意する。
　　b.　They treated the glass **with** care.
　　　　彼らは注意深くそのグラスを扱った。
　　c.　They treated him **with** some coldness.
　　　　彼らは少し冷たく彼に接した。
　　d.　He lifted the chair **with** ease.
　　　　彼は軽々と椅子を持ち上げた。

次の文に使われた動詞は，始まりや終わりを表す。X **with** Y において，X は Y
と一緒に起きる。

216

---

| 10 | a. | The day began **with** the singing of songs. |
|----|----|-----|
| | | その日は，歌を歌うことから始まった。 |
| | b. | He starts off a day **with** a cup of coffee. |
| | | 彼は1杯のコーヒーで一日を始める。 |
| | c. | We finished **with** ice cream. |
| | | 私たちはアイスクリームを食べて（食事を）終えた。 |
| | d. | The party ended **with** a dance. |
| | | そのパーティーはダンスで終わった。 |

## 1.7. 別れ

別れる過程にも最低2つの個体がなければならない。**with** はこの2つの個体を導入する。

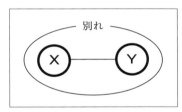

X と Y が別れる関係

図5

次の例を見てみよう。

| 11 | a. | John broke **with** his first wife three years ago. |
|----|----|-----|
| | | ジョンは最初の妻と3年前に離婚した。 |
| | b. | Let's have done **with** the stupidity once and for all. |
| | | このような愚かなことは二度としないようにしましょう。 |
| | c. | He couldn't part **with** the car. |
| | | 彼はその車を手放すことができなかった。 |
| | d. | He made a clean break **with** the past. |
| | | 彼は過去ときっぱり訣別した。 |

e. Let's dispense **with** all formalities and get down to business.
   すべての形式的な手続きはやめて，本題に入りましょう。

## 1.8. 所有

所有関係を表すには，X と Y が 1 か所にあるものとして概念化する方法がある。

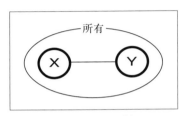

X が Y を所有する関係

図 6

**12**  a. A tall man **with** a black coat was standing beside her.
      黒いコートを着た背の高い男性が彼女の横に立っていた。
   b. A man **with** blue eyes was sitting at the bar.
      青い目をした男性がバーに座っていた。

## 1.8.1. 全体と部分

次において，X と Y は全体と部分の関係である。この場合もやはり，X と Y が
ともにある所有関係とみなす。

**13**  a. He has a toy cart **with** four wheels.
      彼は 4 つの車輪があるおもちゃのカートを持っている。
   b. We want a room **with** two beds.
      私たちはツインルームを希望します。
   c. We came to a hall **with** doors on both sides.
      私たちは両側にドアがあるホールに着いた。

d. I have found a can **with** a hole in the end.
私は端に穴がある１つの缶を見つけた。

## 1.8.2. 場所と個体

次の X **with** Y において，X は場所であり，Y はこの場所にある個体である。

**14**
a. The garden is swarming **with** bees.
庭には蜂がたくさんいる。
b. The lake is alive **with** fish.
その湖には魚が多い。

次は受動態の文であり，主語 X（彼のシャツ，部屋，クローゼット）には **with** の目的語 Y（泥，おもちゃ，本）がたくさんある。

**15**
a. His shirt is spattered **with** mud.
彼のシャツには泥がたくさんついている。
b. The room is littered **with** toys.
部屋におもちゃが散らばっている。
c. The closet is cluttered **with** books.
クローゼットに本が散らかっている。

## 1.8.3. 本性・過誤

次の受身文において，X **with** Y は主語 X が本性・過誤 Y を持つ関係を表す。

**16**
a. Richard is cursed **with** a bad temper.
リチャードは短気な性格を持って生まれた。
b. She was filled **with** envy.
彼女は嫉妬に満ちていた。
c. He was charged **with** stealing a watch.
彼は時計を盗んだ罪で告発されている。

16a ではリチャードが短気な性格を持って生まれたこと，16b では彼女が嫉妬に

満ちていたこと，16c では彼が時計を盗んだ罪で告発されていることを，**with** が表す。

### 1.8.4. 感情動詞

次に使われた動詞は感情動詞の受身形であり，**with** の目的語 Y が原因となって，主語 X が特定の感情を持つ。

| 17 | a. | He is delighted **with** the gift. |
|----|----|-----|
| | | 彼はプレゼントをもらって喜んでいる。 |
| | b. | She was disappointed **with** the result. |
| | | 彼女はその結果にがっかりした。 |
| | c. | They are vexed **with** the problem. |
| | | 彼らはその問題でいらだっている。 |

## 1.9. 共有

共有概念にも，2 人以上の人が必要である。X **with** Y において，X と Y は何かを共有する人である。

| 18 | a. | I shared the room **with** James. |
|----|----|-----|
| | | 私はジェームズと部屋をシェアした。 |
| | b. | He broke the news **with** us. |
| | | 彼は私たちにそのニュースを知らせた。 |
| | c. | I have nothing in common **with** him. |
| | | 私は彼と共通点がない。 |

## 1.10. 関連

X **with** Y は X と Y が互いに関連する関係も表す。

19
  a. What's wrong **with** your car?
    あなたの車と関連して何が間違っているの（すなわち，あなたの車にどんな問題があるの）。
  b. What's the matter **with** you?
    あなたと関連して何が問題なの（すなわち，あなたにどんな問題があるの）。
  c. How are things **with** you?
    あなたと関連するすべてのことはどうですか。
  d. I have found a job **with** the firm.
    私はその会社で職を見つけた。
  e. I have some difficulties **with** directions.
    私は少し方向音痴だ。

## 1.11. 対話・討論

対話や討論にも相手がいる。**with** はこのような相手を導入する。

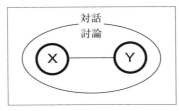

X と Y が対話・討論する関係

図7

次の例文を見てみよう。

20
  a. He talked **with** the chairman.
    彼は議長と話を交わした。
  b. I chatted **with** her.
    私は彼女とおしゃべりをした。

c. I had conversation **with** him.
　私は彼と会話を交わした。
d. I am going to discuss the matter **with** my co-worker.
　私は同僚とその問題を議論する予定だ。

## 2. be 動詞と with

X with Y が be 動詞と一緒に使われるとき，be 動詞のみ使われることもあり，
補語（名詞・形容詞）が一緒に使われることもある。

### 2.1. be with

21a では，X（he）と Y（his wife）が一緒にいる。21b では，X（you）はメト
ニミー的に相手の思考を指し，Y（me）もメトニミー的に私の思考を指す。

| 21 | a. | He is in the kitchen **with** his wife. |
| | | 彼は妻と一緒に台所にいる。 |
| | b. | Are you still **with** me? |
| | | あなたはまだ私の考えについてきていますか。 |
| | c. | I am totally **with** you. |
| | | 私はあなたの考えにまったく同意する。 |

### 2.2. be 名詞 with

次に使われた be 動詞の補語は，友だちや共同経営者を表す名詞（friend, part-
ner）である。友だちや共同経営者の関係は，2 人以上いなければ成立しない。

| 22 | a. | Mary is friends **with** Helen. |
| | | メアリーはヘレンの友だちである。 |

> b. He is partners **with** Mr. Kim.
>
> 彼はキムさんと共同経営している。

## 2.3. be 形容詞 with

### 2.3.1. 感情・態度

次において，be 動詞の補語は形容詞である。次の例文に使われた形容詞は感情や態度を表し，**with** の目的語 Y は感情や態度の対象である。

| 23 | a. | He is angry **with** us because we make so much noise. |
|----|----|----|

23
a. He is angry **with** us because we make so much noise.
私たちがうるさくするので，彼は私たちに怒っている。
b. She is very friendly **with** the boys.
彼女は少年たちととても親しい。
c. Don't be rough **with** your sister.
あなたの妹に対して荒っぽくするな。
d. He is honest **with** me.
彼は私に対して正直だ。
e. He is good **with** children.
彼は子どもたちとうまく接する。
f. He is strict **with** his students.
彼は学生たちに厳しい。

### 2.3.2. 比較

次の形容詞は比較と関係する。比較には少なくとも 2 つの個体が必要である。

24
a. The plate is identical **with** mine.
その皿は私のと同じだ。
b. Our house is not comparable **with** yours.
うちの家はあなたの家と比べものにならない。

### 2.3.3. 知識・判断力

次に使われた形容詞は知識・判断力と関連しており，主語がある知識・判断力を持つものとして概念化される。

---

**25**

a. I am familiar **with** how it works.
   私はその仕組みをよく知っている。

b. He is conversant **with** the history.
   彼はその歴史をよく知っている。

c. Are you acquainted **with** his paintings?
   あなたは彼の絵をよく知っていますか。

d. He is bad/good **with** direction.
   彼は方向音痴だ / 方向感覚がある。

---

### 2.4. be 前置詞句 with

次において，be 動詞の補語は前置詞句である。この前置詞句も意味的に少なくとも 2 つの個体を必要とする。

---

**26**

a. She is in love **with** John.
   彼女はジョンと恋に落ちている。

b. Mary is in bed **with** cold.
   メアリーは風邪で寝込んでいる。

c. John is out of step **with** us.
   ジョンは私たちとそりが合わない。

d. The tree is out of line **with** others.
   その木は他の木と列がずれている。

---

# 参考文献

## Dictionaries

Benson, Morton, Evelyn Benson, and Robert Ilson. 1986. *The BBI Combinatory dictionary of English: a guide to word combinations*. Amsterdam: John Benjamins.

Courtney, Rosemary. 1983. *Longman dictionary of phrasal verbs*. London: Longman.

Cowie, A. P. & R. Mackin. 1975. *Oxford dictionary of current idiomatic English*. London: Oxford University Press.

Cullen, Kay and Howard Sargeant. 1996. *Chambers English dictionary of phrasal verbs*. Edinburgh: Chambers Harper Publishers Ltd.

Fowler, W. S. 1978. *Dictionary of idioms*. London: Nelson.

Heaton, J. B. 1965. *Prepositions and adverbial particles*. London: Longman.

Hill, L. A. 1968. *Prepositions and adverbial particles*. London: Oxford University Press.

Hornby, A. S. O. 1974. *Oxford advanced learner's dictionary of current English*. London: Oxford University Press.

Procter, Paul (ed.). 1978. *Longman dictionary of contemporary English*. London: Longman.

Sinclair, J. M., & R. Moon (eds.). 1989. *Collins Cobuild dictionary of phrasal verbs*. London: Collins Cobuild.

Taya-Polidori, Junko. 1989. *English phrasal verbs in Japanese*. London: Edward Arnold.

Turton, Nigel D., and Martin H. Manser. 1985. *The student's dictionary of phrasal verbs*. London: Macmillan.

Urdang, Laurence (ed.). 1979. *Longman dictionary of English idioms*. London: Longman.

Wood, Frederick. 1967. *English prepositional idioms*. London: Macmillan Press Ltd.

Wood, Frederick. 1964. *English verbal idioms*. London: Macmillan.

## Workbooks

Bruton, J. G. 1969. *Exercises on English prepositions and adverbs*. Ontario: Thomas Nelson and Sons (Canada) Ltd.

Close, R. A. 1967. *Prepositions*. London: Longman.

English Language Services. 1964. *The key to English prepositions*. London: Collier Macmillan Ltd.

English Language Services. 1964. *The key to English two-word verbs*. London: Collier Macmillan Ltd.

Feare, Ronald E. 1980. *Practice with idioms*. New York: Oxford University Press.

Heaton, J. B. 1965. *Using prepositions and particles* (1, 2, 3). London: Longman.

Hook, J. N. 1981. *Two-word verbs in English*. New York: Harcourt Brace Jovanovich, Inc.

Longman for the British council. 1968. *Structures used with phrasal verbs*. London: Longman.

McCallum, George P. 1970. *Idiom drills*. New York: Thomas Y. Crowell Company.

Mortimer, Colin. 1972. *Phrasal verbs in English*. London: Longman.

Pack, Alice C. 1977. *Prepositions*. DYAD. Rowley, Mass.: Newbury House Publishers, Inc.

Reeves, George. 1975. *Idioms in action: a key to fluency in English*. Rowley, Mass.: Newbury House Publishers.

Worrall, A. J. 1975. *More English idioms for foreign students*. London: Longman.

**Books and Papers**

Bennett, David C. 1975. *Spatial and temporal uses of English prepositions: an essay in stratificational semantics*. London: Longman.

Bolinger, Dwight. 1971. *The phrasal verb in English*. Cambridge, Mass.: Harvard University Press.

Brugman, Claudia M. 1983. *The story of over*. Linguistic Agency University Trier. Series A, paper no. 102.

Cuyckens, Hubert. 1984. At: a typically English preposition. In Jacek Fisiak, ed., *Papers and Studies in Contrastive Linguistics* 19: 49–64.

Deane, Paul D. 1992. Polysemy as the consequence of internal conceptual complexity: the case of over. *ESCOL*: 32–43.

Deane, Paul D. 1993. *Multimodal spatial representation: on the semantic unity of over and other polysemous prepositions*. Duisburg: Linguistic Agency, University of Duisburg.

Dewell, Robert B. 1994. Over again: image-schema transformations in semantic analysis. *Cognitive Linguistics* 5: 351–380.

Dirven, Rene. 2010. *The construal of cause: the case of cause prepositions*, in J. Taylor & R. E. MacLaury (eds.). *Language and the cognitive construal of the world*. Berlin/New York: Mouton de Gruyter, 95–118.

Fraser, Bruce. 1967. *The verb-particle combination in English: Taishukan studies in modern linguistics*. New York: Academic Press.

Hawkins, B. 1984. *The semantics of English prepositions*. Ph.D. dissertation, UCSD.

Herskovits, Annette. 1985. Semantics and pragmatics of locative expressions. *Cognitive science* 9: 341–378.

Herskovits, Annette. 1986. *Language and spatial cognition. An interdisciplinary study of the prepositions*. Cambridge: Cambridge University Press.

Kennedy, Arthur G. 1920. *The modern verb-adverb combination*. Stanford: Stanford University Press.

Lakoff, George. 1987. *Women, fire and dangerous things: what categories reveal about the mind*. Chicago: Chicago University Press.

Lakoff, George, and Mark Johnson. 1980. *Metaphors we live by*. Chicago: University of Chicago Press.

Leech, Geoffrey N. 1969. *Towards a semantic description of English*. London: Longman.

Lindner, Sue. 1983. *A lexico-semantic analysis of English verb particle construction*. Indiana University Linguistics Club.

Lindkvist, K. G. 1978. *At vs. on, in, by: on the early history of spatial at and certain primary ideas distinguishing at from on, in, by*. Stockholm.

Osmond, Meredith. 1997. The prepositions we use in the construal of emotion: why do we say fed up with but sick and tired of? In Niemeier, Susanne & René Dirven (eds.). *The language of emotions: conceptualization, expression, and theoretical foundation*. 111-133. Amsterdam: John Benjamins.

Radden, G. 1985. Spatial metaphors underlying prepositions of causality. In W. Paprotte and R. Driven (eds.). *The ubiquity of metaphors*. Amsterdam: John Benjamins.

Rauh, G. 1991. *Approaches to prepositions*. Tubingen: Gunter Narr Verlag.

Rice, Sally. 1992. Polysemy and lexical representation: The case of three English prepositions. *Proceedings of the 14th annual conference of the cognitive science society*. 89-94. New Jersey: Lawrence Erlbaum.

Rice, Sally. 1993. Far afield in lexical fields: the English prepositions. In Bernstein. Michael (ed.). *ESCOL '92*. Ithaca: Cornel University Press. 206-217.

Rice, Sally. 1996. Prepositional prototypes. In Puetz, Martin, and Rene Dirven (ed.), *The construal of space in language and thought*. Berlin: Mouton de Gruyter.

Vandeloise, Claude. 1994. Methodology and analysis of the preposition in. *Cognitive linguistics* 5: 157-184.

Wege, B. 1991. On the lexical meaning of prepositions: a case study of above, below, and over. In G. Rauh (ed.), *Approaches to prepositions*. 275-296. Tubingen: Gunter Narr Verlag.

Wesche, Birgit. 1986. At ease with at. *Journal of semantics* 5: 385-398.

Wierzbicka, Anna. 1993. Why do we say in April, on Thursday, at 10 o'clock? In search of an explanation. *Studies in language* 17: 437-454.

【著者・訳者紹介】

［著者］

**イ・ギドン**（李 基東，Keedong Lee）

　ソウル大学校師範大学（英語教授法学士），University of Hawaii 大学院（英語教授法修士），University of Hawaii 大学院（言語学博士），建国大学校文科大学副教授，延世大学校文科大学教授，延世大学校名誉教授。

　主要業績：［著書］*A Korean Grammar on Semantic and Pragmatic Principles*，*A Kusaiean Reference Grammar*，*A Kusaiean-English Dictionary*，『英語の形容詞と前置詞』，『英語動詞の意味（上・下）』，『認知文法から見た英語動詞』，『認知文法から見た動詞辞典』，『英語動詞の文法』，『英語句動詞研究』。［訳書］『文法理解論』，『言葉の諸相』，『言語と心理』（共訳），『認知言語学』（共訳），『言葉』（共訳），『現代言語学』（共訳），『言語学概論』（共訳）。その他，数編の翻訳および 100 編以上の論文。教文社・熊進出版社・志学社・能率英語にて高校教科書著述。

［訳者］

**吉本 一**（よしもと・はじめ，Hajime Yoshimoto）

　釜山大学校大学院国語国文学科修士課程・博士課程卒業（文学博士），昌信大学日語科専任講師，東国大学校日語日文学科専任講師・助教授，ソウル大学校日本語教師養成課程非常勤講師（2001-2003），ソウル大学校国語教育研究所客員研究員（2014-2015），現在：東海大学語学教育センター教授。

　主要業績：［著書］『新みんなの韓国語 1・2』（共著），『新・韓国語へのとびら』（共著）ほか多数。［訳書］『認知言語学キーワード事典』（共訳），『ことばの認知科学事典』（共訳），『認知言語学入門』（共訳），ほか多数。

**チェ・ギョンエ**（崔 敬愛，Kyung-Ae Choi）

　梨花女子大学校大学院英語英文学科修士課程・博士課程卒業（文学博士），梨花女子大学校文理大学英語英文学科講師，牧園大学校人文大学英語英文学科教授，University of Arizona 言語学科訪問教授（2003-2004），University of Arizona アジア学科訪問教授（2010-2011），現在：牧園大学校人文大学英語英文学科名誉教授。

　主要業績：［著書］『英語音声学の理解』（共著），『英語形態論』（共著），『やさしい英語音声学』（共著），『大学生のための英語発音練習』（単著）。［訳書］『日本語の音声』，『英語の「なぜ？」に答える──はじめての英語史』。

**図説 英語の前置詞（下）**　　　　　　　〈一歩進める
　　　　　　　　　　　　　　　　　　　英語学習・研究ブックス〉

2024 年 2 月 20 日　　第 1 版第 1 刷発行

著　者　　イ・ギドン
訳　者　　吉本一　　チェ・ギョンエ
発行者　　武村哲司
印刷所　　日之出印刷株式会社

　　　　　　　　　　　　　　　　　　　〒112-0013 東京都文京区音羽 1-22-16
　　　　　　　　　　　　　　　　　　　電話　（03）5395-7101（代表）
発行所　　株式会社　開 拓 社　　　　　振替　00160-8-39587
　　　　　　　　　　　　　　　　　　　https://www.kaitakusha.co.jp

Japanese edition © 2024 H. Yoshimoto and K.-A. Choi　　ISBN978-4-7589-1224-2　C0382